子どもの「学びに向かう力」を支える 教師の「動き」と「言葉」

立石泰之
松尾　剛　著

東洋館出版社

はじめに

以前、ある学級で全三時間の単元で飛び込み授業をさせていただきました。単元に入る前に、担任の先生に教材を読んだ感想を子どもたちに書かせてもらっていたのですが、一人の男子児童のノートには、ほとんど何も書かれていませんでした。担任の先生からは、学力が非常に厳しい児童であるという説明を受けました。しかし、授業を始めて二時間目になると、その児童は、ノート一ページ以上に自分の考えをびっしりと書き、得意満面の笑顔を見せて私の元へ持ってきました。その姿は、最後の三時間目も見られました。

その子が、ノートを自分の考えで埋めてこられたのは、偶然ではありません。具体的な手立てはもちろんですが、教師の何気ない表情や目線、かける言葉など、様々な技術を授業の中で駆使しました。そして、その子を含めた全員の子どもたちが授業に挑み、自分の考えを言葉にできるようにしました。授業を見た先生方の中には、そうした指導の意図に気付かなかった方もいらっしゃるかもしれません。

授業において子どもの心に火を灯すのは、学習の課題や活動の設定、興味を引くような教具ばかりではありません。教師の意図的な動きや言葉の一つ一つが、子どもたちの探究心をかき立てたり、満足感や自己効力感を感じさせたりして、子どもにとっての授業の意味付けに大きな影響を与えます。

現在、教員の大量退職・大量採用の時代を迎え、実践力向上のための指導を望む多くの若い教師が学校現場に溢れています。そのような研修を求める声に、自らの指導の在り方について改めて言葉にして考え始めたミドルの先生方も少なくないでしょう。しかし、指導技術としてハウツーだけを教えても、うまくいかない場合が多いものです。なぜなら、技術の背景には、その人物の確固たる見方や考え方が必要だからです。

本書は、授業を変えようとする教師、そのような教師を指導する教師に向けて、授業の中で見過ごされがちな見えにくい技術について解説したものです。「学びに向かう力」を涵養する授業における教師の意図的な「動き」や「言葉」について、一教師としての私の見方や考え方を基に解説しています。

また、授業について考えていくには、指導内容が当然問われます。しかし、他の教科の授業や場面に応用できるように、教材研究の内容や設定する課題などの重要性は前提として捉え、本書では敢えて具体的には取り上げていませんので、ご了承ください。
本書は、大きく次のような構成になっています。

・対談①……………概論として、子どもたちの「学びに向かう力」を妨げるものとは何かについて考えます。
・「動き」①—見る……授業のどの場面で、教師がどこを見るのかについて解説しています。
・「動き」②—指名する……自分の考えを表出させる子どもたちの指名の仕方について解説しています。
・「動き」③—聴く……子どもの発言をどのようにして聴くのかについて解説しています。
・「言葉」……………子どもたちの学びを変える教師の話す言葉について解説しています。
・対談②……………子どもたちの「学びに向かう力」を支えるために大切なことについて考えます。

本書の執筆に当たっては、福岡教育大学教育心理学講座 松尾剛准教授にお力添えをいただきました。松尾先生には専門的な見地から、教師の「動き」や「言葉」が子どもたちや授業に与える影響について各章末のコラムで解説をいただいています。また、本書の最初と最後に対談という形で、私たちが目指すべき授業の姿や教師の在り方、本書の読み方に至るまでお話を伺いました。

実践者と研究者の二つの立場から見た、授業における教師の「動き」や「言葉」。本書に述べられている内容に刺激されて、読者の皆様の中に自らの指導に対する考え方が言葉となって湧き出てくるのであれば、幸いです。

最後になりましたが、本書の刊行に当たり、東洋館出版社編集部の大場亨氏には格別のご配慮、ご尽力をいただいたことに深く感謝申し上げます。

平成三〇年四月

立石 泰之

目次

はじめに…… 1

Ⅰ 対談① 子どもたちの「学びに向かう力」を妨げるものとは何か

失敗したくない子どもたち…… 10
失敗の場面における教師の「動き」と「言葉」…… 13
「教室」の中で共有される「学びに向かう力」…… 16
他者や環境に開かれた「学びに向かう力」…… 19

Ⅱ 「動き」① ――見る

一緒に活動しない…… 24
一斉行動で確認する…… 28

聴写させる……32
助言をして離れる……36
聴き方を観察・評価する……40
言動に成長を見いだす……44
コラム　教師が子どもを「見る」ということ……48

Ⅲ 「動き」② ──指名する

テンポよく発言させる……54
複数を指名する……58
「同じです」で終わらせない……62
つぶやきを聴く、表情や指先を見る……66
少数派から／多数派から発言させる……70
コラム　子どもの学習意欲と教師の指名……74

Ⅳ 「動き」③ ―聴く

「声」を要求する……82
発言者から離れる……86
発言を分析する……90
待つ……98
リアクションをする……102
コラム 学級の学びの文化と教師の聴き方……106

Ⅴ 「言葉」

目を見て語りかける……114
話し方で聴く構えにさせる……118
挑発する……122
発言者へ問い返す……126

全体へ問いかける……132
意味付ける……138
価値付ける……144
方向付ける……150
コラム　子どもを育む教師の言葉……155

Ⅵ

対談②　子どもたちの「学びに向かう力」を支える教師の「観」

その場の子どもとの関わりの中で、教師の動きは変化する……164
学びに向かわせるために教師が「強制」してもよいのか……167
教師は子どもの言葉をどのように聴いているか……172
読者に「観」を問いかける……180

おわりに……185

I

対談①

子どもたちの「学びに向かう力」を妨げるものとは何か

失敗したくない子どもたち

立石　まず、「学びに向かう力」について、私は、未知の物事に対する好奇心や苦しくても挑戦し続けようとする自己統制、自分の気持ちを伝えたり相手の考えを聞いたりする他者と関わる力などだと考えています。

そのような力の涵養が求められている背景には、平成二八年一二月に出された中央教育審議会答申に挙げられた、わが国の子どもたちの課題があると考えられます。その中に、「学ぶことの楽しさや意義の実感」、「自分の判断や行動がよりよい社会づくりにつながるという意識」に大きな課題があることが述べられています。

自分には人並みの能力があると思っている子どもが日本は少なく、駄目な人間だと思う数値が高い。そして、自分の力では社会現象を変えられない、それは無理だろうと思う数値が高いわけです。こういうところに、学びに向かう力の現状がとても現れている気がしています。

そこで、文部科学省も資質・能力の三つの柱の一つに「学びに向かう力・人間性等の涵養」を挙げ、大きく二つに整理しています。一つはメタ認知にかかわるもの、もう一つは人間性に関するものです。

私は、わが国の子どもたちの学びに向かう力の低さの原因として、メタ認知でも、一つは学習方略に関する部分と、もう一つは方略とは別に、「失敗したくない」、「恥ずかしい」など、学びから逃避する情意的な部分があると思います。これらが一緒に「分からないから、やりたくない」とセットになって出てきます。「分からないから、やりたい」ではないのですね。なぜこういう状況が起きていると思いますか。

松尾　確かに、「なんでだろう、不思議だな」という気持ち、つまり認知的な葛藤は学習への意欲を高めるとされています。

ただ、「分からない」にも様々な種類があるのではないでしょうか。問題が難しすぎるとか、解決の手段を教わっていない、といったことでは、何が分からないのかも分からない、といった状況になってしまいます。これは、問いや疑問というより、混乱と表現した方がよいかもしれません。

こういう「分からない」では、学習への意欲どころか無力感が生じてしまいます。学習への意欲を高めるには、その子どもにとって「程よい」分からなさが大切です。もちろん、取り組んでいる問いや課題が最初から子どもにとって程よい困難さであるとは限らないと思います。

だから、授業の中で様々なことが分かることで、ようやく何かが本当に分からなくなるということもあると思います。自分にとっての本当の疑問になるという感じでしょうかね。知識や学習方略といったものは、何かを分かるためだけに必要なのではなく、「ちゃんと分からなくなる」ためにも必要なのだと思います。

だから、「分からないから、やりたい」が生じるためには長い時間と積み重ねが必要なのだと思います。例えば、子どもたちに考えさせるということを重視しすぎて、教師が教えるということを避けたり、逆に、四五分の授業の中で結論を出すということを重視しすぎて、子どもたちが考え込むような問いを出せなくなったりしてしまうと、意欲につながる問いや疑問を子どもにもたせることができない、といったことにもなってしまうかもしれませんね。

情意的な側面については、成功に目を向けるか失敗に目を向けるかによって、魅力を感じる課題の難易度が変わるという考え方もあります。

成功に目が向くときには、自分にとって程よいチャレンジになるような課題に魅力を感じます。そのような課題であれば、自分が成功したときの喜びを強く感じることができるし、また、その結果は自分の状態についての豊かな情報を与えてくれます。

ところが失敗を避けたいという気持ちが強すぎると、絶対に失敗しないような課題はもちろん、誰がやっても失敗するような課題に魅力を感じます。失敗したときに「仕方ない」と思えるような理由を準備しているわけですよね。子どもの自己評価の低さが、失敗を回避したいという気持ちを引き起こして、程よいチャレンジを妨げているということもあるかもしれません。

失敗の場面における教師の「動き」と「言葉」

立石　情意的な側面で、自分に対する評価の低さが程よいチャレンジを妨げているという点について、私たち教師は、授業における自己肯定感を子どもたちにもたせようと日々努力をしています。そこでは、学習方略をいかにして子どもに身に付けさせるかに目が向けられがちです。例えば、どのような課題を設定して話し合い方をさせればいいのか、どのような仕組みの教具を準備すればいいのかなどです。

しかし、それは自己肯定感を生み出すための一側面であって、その一方で実は、子どもたちの「恥をかきたくない」、「失敗したくない」というような気持ちを前向きにするための教師による「がんばっているね」や「よくできたね」というような小さな声かけやちょっとした配慮などの側面があり、その影響は大きいのではないかと思っています。

教師自身が、それを自覚して行っているかどうかはとても大きな差です。実はそこを自覚せずに迂闊にやっているために、いろいろなところで子どもたちが小さな傷を負いながら、自分に対する評価を低くしているという気がします。

松尾 何かを学習する中で、間違ったり、失敗したりすることは避けられないことだと思います。むしろ、それは避けるべきことではなくて、深い学びのために不可欠なことではないでしょうか。ただし、何かを学びとることができるような失敗と、何も学ぶことができないような失敗があるのではないかと思います。
「Ⅲ「動き」②—指名する」に「挙手していない子どもを指名する」という関わり

がありましたよね。立石先生も「ひどいことではないかと感じる方もいらっしゃるかもしれません」と書かれていました。

でも、その背後には、事前に他の子どもと話をする時間や自分で考える時間を確保するといった配慮がありましたね。だから、表面的には流暢に説明できないという「失敗」を子どもがしているように見えても、自分の考えを振り返って明確にしたり、それを適切に表現できる言葉を探したりするといった学びが生じているのではないかと思います。

もし、そのような配慮なしに挙手していない子どもを指名したら、その子どもは沈黙して、ただ時間が過ぎていくのを待つしかないですよね。それは、何も学ぶことができないような「失敗」をさせているだけだと思います。いや、もしかすると、その子は自分の無力さを学んでしまっているかもしれません。

この本で述べられていることはもちろん、熟練した教師の動きというのは、それを同じように真似すれば、いつでも、誰でも、うまくいく、というものではなくて、その背景となっている学級の状態、子どもとの関係づくり、それまでの授業とのつながり、といったものと一体となって機能しているんだと思います。

だから、同じ動きでも状況によってはよい結果にも悪い結果にもつながってしまう。だから、あらゆる側面を同時に考慮しながら子どもたちに関わっている。そういった部分に立石先生がおっしゃった自覚の有無が反映されているんじゃないでしょうか。

「教室」の中で共有される「学びに向かう力」

松尾　そもそも、なぜ、子どもたちは間違うことを「失敗」や「恥」と感じるのでしょうか。もちろん僕も人前で間違うのは恥ずかしいですけど。繰り返しですが、失敗は深い学びのきっかけだと思います。失敗することで、私たちは立ち止まって自分の理解を振り返ってみたり、新しい方法を探し始めたりします。失敗がきっかけとなって、創造的な科学的発見が生まれることもあります。

そう考えると、間違い、教師の期待とは異なる考え、他の子どもと違う考え、といったものを発言することは、授業においては望ましい行動だと考えることもできますよね。実際にそういう意味付けがなされている学級も少なくないと思います。ただ、学級の文化、授業に対する考え方によっては、そういった発言が「失敗」や「恥」にされてしまうこともあります。

「Ⅲ「動き」②―指名する」に、教師が子どもの発言を一方的に修正する、「同じです」で終わらせてしまう、などの例が挙げられていました。このような教師の動きは「授業では教師が望む解答や正解があって、それを発言することが重要で、それ以外の発言には価値がない」というメッセージを学級全体に伝えているのではないでしょうか。そうすると、その学級では教師に取り上げられなかった発言をした子どもは「失敗」をしたことになるので、「恥」と感じるのではないでしょうか。

この本の中で立石先生が提案している教師の動きは、多様な子どもの発言を価値付け、学びに生かしていくための関わりですよね。そのような動きがある授業では、教師の期待と異なる子どもの発言も「失敗」や「恥」にはならないでしょう。むしろ積極的に学んでいることを示す行動として認められるのではないでしょうか。

子どもの思考、子どもの発言、それ自体が教室での「失敗」や「恥」を決めているのではなく、教師や子どもたちの関わりの中で、その学級における「失敗」や「恥」が可視化されていくという側面があるのではないでしょうか。

立石　「学びに向かう力」を育む教室にしていくために、教室の中に生まれる「失敗」を、どのようにして全員の子どもたちにとって意味あるものにしていくのかが、教師に問われているということですね。

「指導と評価の一体化」といわれるものには大きく二つの面があります。一つはこういう目標で指導しているのだからそれに合った評価をするという面。もう一つは、評価することで次の指導に生かす、変えていくという面です。変えるためには、その状況をどのように評価するのか、つまり、どのように解釈し、理解するのかが非常に重要です。

松尾先生が先ほどおっしゃった、教室の子どもたちにとって、これは失敗か失敗ではないのかというのも、実は教師の感覚によるところがとても大きいですね。教室の中で起きるいろいろな現象を、教師が目の前で見て、「この子のこの部分をまだ伸ばせていない」と見るのか、「この子はやる気がない」と見るのかで大きく違ってきます。教師のもつ「教育観」や「学習観」、「子ども観」などから生まれる解釈。それによって、教師の行為、行動が変わり、一人一人の子どもたちも変わってくる。そうして、教室内の学習に対する「観」が形成されていくということですよね。

他者や環境に開かれた「学びに向かう力」

松尾　子どもの「学びに向かう力」というと、どうしても個人に閉じた発想で考えがちになりますよね。この子どもが一人で何ができるか、それが「力」だと。

でも、さっきの「失敗」の話とも共通しますが、授業の中で生じていることの大半は、個人だけに目を向けたのでは十分に説明できないのではないでしょうか。学級の文化、教師と子ども、子どもと子どもの関わりといったものが、相互に関連しながら動いているというか。

例えば、「メタ認知」という思考の働きがありますよね。自分の思考を振り返り、把握し、調整する思考の働きです。このようなメタ認知も、教室においては個人で達成されるだけでなく、他の子どもから質問されることで、自分の考えを振り返ったり、詳しく説明し直したり、といった協同の中で達成されています。

「V「言葉」」のコラムで紹介した授業の例にもそのような箇所がありました。教師との関わりでは、「言葉」の章で述べられていた「問い返し」「意味付け」「価値付け」を通じて協同的にメタ認知が達成されていると言えるかもしれません。

そうやって最初は他の子どもや先生との関わりの中で、立ち止まったり、自分の考えを振り返ったりしていた子どもが、少しずつ、一人で考えるときにも、頭の中で対話をするようにして、ちょっと待てよ、ここはおかしいんじゃないだろうか……というように考えることができるようになるのではないでしょうか。

だから、子どもが発表中に言いよどんでしまうということなども、自分の考えを十分にまとめきれていない未熟さの表出と考えることができると同時に、自分の思考を立ち止まって振り返るというメタ認知の発達が生じている瞬間であると考えることもできるわけです。

学習意欲についても同じような考え方ができると思います。以前、同じ学級の子どもたちを五年生、六年生と継続的に参観したことがあります。その中で、五年生のときにはほとんど発言していなかったけれども、六年生のときは積極的に自分の考えを発言するようになった子がいました。他の子どもとは違った視点から考えることもできる子だったので、その子の発言をきっかけに、他の子どもたちがさらに考えるようになる、そんなこともよくありました。

その変化の理由を尋ねてみると、「五年生のときもいろいろなことを考えていたけど、誰も聞いてくれないし、先生はよくできる人の発言をまとめて終わってしまう。

だから自分の考えを言っても意味がないと思っていた。でも、六年生になってから、自分が発言すると、それが授業に生かされて、授業がおもしろくなった」と教えてくれました。

この場合も、学習に対する意欲を個人の特性に閉じて考えてしまうと見えなくなってしまうんですよね。学級の子どもたちや先生との関わりが変化する中で、学習に対する意欲が生まれているんだと思います。

こうやって考えると、「学びに向かう力」を育てるために、個人を育てるということはもちろん、学級というシステムに働きかけることが同じくらい大切になるんだと思います。教師や学級の子どもたちがどのような学習観、授業観を共有しているか、教師と子どもの間でどのようなやりとりがなされているか、教師が子どもの話し合いをどのようにファシリテーションしているか、といったことですね。

そういった中で実現する、他者や環境に開かれた力として「学びに向かう力」を理解するという視点も大切ではないでしょうか。

立石　「学びに向かう力」もまた、個人で獲得されるものではなく、教師と子ども、子どもと子どもとの関係の中で共有されていくものなんですね。

そして、日々の授業における教師の言動に表れてくる教師の「教育観」や「学習観」、「子ども観」などが大きく関わっている。そういう視点から、この本の読者の方には、この後の章を読んでいただきたいと思います。

Ⅱ

「動き」①——見る

一緒に活動しない

国語で、子どもたちが一斉音読する場面。子どもたちの音読の声に合わせて、教師も一緒に声を出して音読している。普段から音読するときの声が小さい子どもたち。教師は子どもたちの声を引き出そうと、声を出す。

ふと気付くと、子どもたちの声に比べ、教師の声ばかりが教室に響いていた。

「要求」したら、一緒に活動するのではなく、「評価」する

先述したような状況は、音読する場面だけでなく、学級で歌を歌う場面などでも見るこ

とがあります。「師弟同行」「率先垂範」などの言葉がありますが、子どもと一緒に活動して教師が一生懸命に努力する姿を見せることで、子どもたちの向上心が高まるだろうと期待してしまいます。しかし、教師ががんばっているからといって、全ての子どもたちが学ぶ意欲を高めるとは限りません。

教師は、その存在だけで子どもたちにとって権威です。書きなさい、挙手をしなさい、発表しなさい、というように、教師は授業の中で子どもたちに様々な「要求」をします。では、なぜ子どもたちは、教師の「要求」に健気に応えようとするのでしょうか。それは、「成長したいから」です。どの子どもも自分の努力の意味や価値を実感したいのです。だからこそ、教師は「要求」をしたら、子どもたちに「評価」を返してやらなければなりません。教師の「要求」に対して応えようとする子どもたちと一緒に活動するのではなく、どのような成長が見られ、どこに課題が見えたのか、それを返してやることが、子どもたちの努力に教師が「応える」ことになるのです。

子どもが活動をしている場面で、教師が一緒になって活動に集中してしまうと、子どもたちの活動は見えなくなってしまいます。教師は、全体が見える位置に立ち、適切な評価が与えられるように、全員の活動の様子を観察できるようにする必要があります。

子どもの活動に目を見張り、耳を澄ます

先の音読場面の例で、教師がすべきことは、次のようなことでしょう。

・子どもたちの音読の声に耳を澄まし、表情や口の開け方などを注意深く観察する。
・子どもたちの音読の後で、子どもたちの努力を称える。
・音読をよりよくするためのいくつかのアドバイスをする。
・アドバイスをした部分のみ、練習する。
・さらに音読がよりよくなったことを個人の名前を挙げながら具体的に説明したり、全体で変化したところを伝えたりして、大いに称賛する。

子どもたちが音読している前で、教師が耳を澄まし、観察しながら、大きく頷いて黒板に書いた点数を折れ線グラフのように徐々に上げていくだけでも、子どもたちの音読の様子は変わってきます。

ここで大切なポイントは、子どもたちの活動を分析して、何を改善すれば、よりよい活動となっていくのかを見いだすことです。そのためには、まず教師が事前にしっかりと教材分析をし、目指す活動のイメージと評価すべき観点をもっておく必要があります。

音読の場合で言えば、何となく大きな声で読めているから「元気な声が出ていていいね」ではなく、教材の特性に応じた声の明瞭さやリズム、強弱、抑揚などの観点から「人物の気持ちの変化を声の強さで表していたね」などのような評価の言葉が必要になるでしょう。

そして、もう一つ忘れてならないのは、スモールステップでアドバイスをしていくことです。子どもたちの実態を無視して、目指す活動に向かって一度に様々な指示をしても、子どもたちは一足飛びに全てを変えることはできません。できるところから少しずつ助言してやることで、子どもたちは達成感を感じながら活動することができます。

自分たちの成長を実感できた子どもたちは、教師が声を張って音読をしなくても、よりよい音読を目指して声を出すようになっていくのです。

一斉行動で確認する

読むことの授業で根拠となる言葉を出し合って話し合う場面。一人の子どもが発言した。発言してほしかった言葉が出たため、教師は、「いい言葉に気付いたね」と称賛して、全員にその言葉の意味について問いかけた。子どもたちは、本文中のどの言葉のことを言っているのかわかっていない様子で、尋ねられたことに対して首をひねっていた。

確認が、子どもの「安心」と「信頼」をつくる

先述したような状況は、全ての教科の根拠を指し示す際でも同じような場面を見ることがあるでしょう。教師は待ちに待った言葉が出たために、子どもたちが同じ箇所を見つけられているかどうかを確認することなく、次の問いを全員に投げかけてしまっています。教師は最初からそこに注目していたわけですから、発言が出た瞬間に言葉が書いてある場所や発言の意図まで理解できますが、他の子どもたちにはわかりません。もしかすると、その子の発言を理解できたのは、教師だけなのかもしれません。

子どもたちは、時に苦しみながら、時にさほど気にすることもなく、わかったふりやできているふりをすることがあります。さらに、教師が「できて当たり前」「簡単なこと」だと思っていると、ますます子どもたちは声を上げにくくなってしまいます。

全員ができなければならないことを要求する場合、状況や課題にもよりますが、教師は全員ができているのかを確認する必要があります。それは、一人一人の子どもの安心感をつくり出すことにもつながってきます。子どもたちの一人一人の様子を教師が短時間で確認し、まだわかっていない子どもやできていない子どもがいた場合、その場で「こうしたらいいよ」と助言できれば、子どもたちは「先生は、みんなのことを見てくれている」「わからなくても先生が助けてくれる」という思いがして、安心して授業に参加することができるでしょう。そのようにして、子どもとの信頼関係は深まっていくのです。

一斉に行動で示させる

全員の理解度などを短時間で見る工夫の一つは、一斉に同じ動きをさせることです。先の読むことの場面の例で言えば、次のようにするといいでしょう。

・一人の子が発言した言葉について本文中に探させて、指で示させる。

・教師は、机の間を通って、全員の子の示した箇所を確認する。

教師は、子どもたちが同じページの同じ箇所を指さしているかどうかを確認していくわけですから、全員を見るのに一分もかからず移動しながら見ていくことができます。

他の場面での例も挙げてみます。

〈新出漢字練習の場面〉

・全員で筆順の声を出しながら、空中に大きく漢字を書かせる。

・教師は前からそれを観察し、違う動きをした子どもに指導する。

〈算数の練習問題に取り組ませる場面〉

・子どもたちには多くの量の練習問題に取り組ませる。

・教師はその時間の目標達成の基準となる問題のみを採点して回る。

〈学習用具（ペン）を準備する場面〉

・ペンを取り出した子どもから手に持ってすぐに上に挙げさせる。

・教師はペンを持った全員の手が挙がったのを確認した後、「早いなあ」などと褒めながら次の指示をする。

もちろん、わかっていない子どもやできていない子どもばかりを見るのではなく、一人一人のがんばりの記録を見て回る場面もあります。その際は、チェックを入れながら、一人一人に「がんばったね」などの称賛や激励の言葉かけをしていくようにします。

いずれも視点を絞って明確にしておくことで、短時間での確認が可能になるのです。

聴写させる

学習の課題など、黒板の文字をノートに書き写す場面。教師が黒板に文字を書き始める。筆箱を開けて、筆記用具を取り出そうとしている子もいる。教師が黒板に文字を書き終えて振り向くと、全員がノートに文字を書き写している。その進み具合にはばらつきがあった。全員が書き終わる頃、早く書き終えた子は退屈そうにしていた。

授業の中で小さな挑戦を連続させる

授業の中には、先述したようないつも行う活動（作業?・）があります。ただ書き写すだけのことなので、教師も子どもも何の疑問も感じずに行っていることも多いでしょう。

しかし、授業中の無自覚的な行動でも子どもたちに様々なメッセージを与えていることを私たち教師は自覚する必要があります。先の場合、その状態のままで教師が何も言わなければ、授業とは緩んだ雰囲気の中で、個々のペースで活動してもよい時間なのだということを暗に子どもたちに教えることになってしまいます。教師の意図の有無に関わらず、子どもたちは日常の活動からものの見方や考え方を身に付けていきます。

学びを生み出し、子どもたちが自己を変革させる「授業」は、学校生活の中で最も重要な時間です。授業時間中、教師は迂闊であってはなりません。

授業そのものが問題の解決に向けた子どもたちの挑戦の過程ではありますが、教師はその中に含まれる小さな活動の中にも子どもたちの挑戦を生み出すことができます。子どもたちは、教師から突きつけられるその小さな挑戦をクリアし続けていく中で、課題に対して果敢に挑もうとする態度を自然と身に付けていきます。

日常繰り返す活動であっても、その活動を通して子どもたちにどのように挑戦させられるか、何を学ばせられるかを問い直すことが大切です。授業における教師の言動には全て教育的な意図が必要なのです。

子どもに聴写させて、教師は後から書き出す

先の黒板に書かれた文字をノートに書き写すような場面の例では、ただ単に写させるのではなく、次のようにすることができます。

・書く準備ができたら、すぐに鉛筆を持った手を挙げさせて教師に見せる。
・全員の書く準備ができたら、教師は口頭で書く文言を区切って、ゆっくりと伝える。
・子どもたちは、聞いて覚えた言葉のまとまりでノートに書いていく。
・教師は集中して書いている子どもたちの様子を確認しながら、言葉を最後まで伝える。
・言葉を伝え終えたら、教師は黒板に書き始める。
・書き終わった子には、目と姿勢で教師に知らせさせる（書いている友達の邪魔にならないように、「終わりました」などのような声を出させない）。
・教師は、書いている途中で時々振り返り、書き終わった子を確認する。書き終わった子どもと目を合わせて頷く。
・教師が書き終わるまでに、全員の子どもが書き終えているかを全員でチェックする（子どもの実態によって、教師の書くスピードを調節する）。

・書き終える速さが増し、集中力が高まったことを大いに称賛する。

「先生と競争です」などのように言って教師が書き始めれば、子どもたちの意欲は一段と高くなるでしょう。最後は一番後れている子のペースに合わせて、同時に書き終わり、「なかなかやるな」のように言えば、教師の子どもを思いやる気持ちも伝わります。

聴写するには、見て書く場合よりも集中力が必要です。子どもたちは言葉のまとまりを聴いて覚え、一定の時間内に文字で書かなければなりません。このような小さな挑戦の連続が子どもたちを成長させていきます。鉛筆を走らせる音だけが聞こえる静かな教室の中で、書き終えた子どもたちは挑むような真剣な眼差しで教師を見つめていることでしょう。

助言をして離れる

子どもたちが作文など、自分の考えを書く場面。教室を見渡すと、案の定、A児が鉛筆を持ったまま動けずにいた。すかさず、教師はA児の元に行き、考え方や書き方のアドバイスを始めた。A児の横に付いて、ノートに書く言葉を一緒に確認しながら、間違えた場合には教えてやった。教師はA児がノートに書き終わるまで横に付き添った。

粘り強く問題に取り組み、「自分でできた」達成感を感じさせる

先述したような状況は、算数などでそれぞれが問題に取り組む場面でも見られます。子どもたちは、教師が横に付いて教えてくれることを喜んでいるのでしょうか。素直に「うれしい」と感じる子も少なくないかもしれません。しかし、それは大好きな先生が自分に優しくしてくれることへの喜びかもしれず、本当に子どもたちの「わかる喜び」となり得ているのかはわかりません。また、教師のそのような行動が、子どもの自分で解決する喜びを奪っていたり、周囲の子どもたちに対して、「この子は先生に横に付いてもらわないと学習できない」というようなマイナスイメージを与えていたりする可能性もあります。

授業では、その問題を解決することそのものに重きが置かれがちです。しかし、授業では問題を解決することを通して、子どもたちに他者と協働する学び方や自分で粘り強く問題に取り組むすばらしさを実感させることも重要です。

教師が横に付いて、解決方法を一つ一つ教えていては、子どもたちは「自分にもできた」という喜びを感じたり、自信をもったりすることはできないでしょう。もしかすると、教師自身の中に「この子は自分ではできない」という固定した見方があるのかもしれません。先の例の場面で「案の定」と感じた教師のように、心のどこかでその子の可能性を信じ切れていないとすれば、その思いは意図せずとも指導の中にも表れてくるものです。

自力で取り組む「間」をつくる

考えるには、「間」が必要です。一斉授業の中で教師が横に付いて教えていると、その「間」が教えられる子に与えられないことになります。そこで、助言をしたら、その子から離れるようにします。先の例の場面で教師がすべきことは、次のようなことでしょう。

・まずは、「大丈夫、君にもできる」と安心をさせる（まずは教師がその子の中にある可能性を信じていること）。
・作文の課題に関して気軽に「おしゃべり」をする。「それって詳しく言うと、どんなこと？」などの教師の問いかけによって話題を深めていく。子どもは、話すことで書く内容が整理される。
・「それ、いいねえっ。それをそのまま書いてみたら？」と、書くべき内容に大いに共感を示し、それを書くべきだと勧める。
・「一番心に残ったことは……」「そのわけは……」「特に……」などの書き出しを示して、その後に話したことを続ければいいと助言する。書くことを苦手とする子は、書き出しで躓く場合が多く、その後に続けやすい書き出しを示すことで、書きやすくな

る。
・その場を離れ、離れた場所からその子の様子を確認する。
・その子がある程度書いた頃に、再びその子の元へ行き、自分で書き進めていることを大いに評価し、次の助言をして離れる。状況に応じて繰り返す。

子どもたちの中に問題に対する考えが全くないということはありません。直感的にでも何か考えにつながるものがあります。「教える」というよりも、その子の中にある考えを「引き出す」という感じで教師が話を聴いてやり、的確な助言をしてその場を離れ、その子に任せてやることで、その子に達成感や自信をもたせることができるのです。

聴き方を観察・評価する

話し合いの場面。発言している子どもは、教師に自分の考えを伝えようとしている。周囲の子どもたちは聴いている子もいるが、隣と小声で話したり、何かを書いたりしている子もいる。教師は、話を聴いていない子に気付き、「(発言者は)何て言っていましたか」と問い質した。問われた子どもは何も言えずにその場に立っていた。

聴いている姿を観察して、価値付ける

全員の子どもたちを聴くことができるようにするには、まず話し合うべき必然性のある

話題や課題が必要です。そして、話し合う場面での教師の指導も重要になってきます。

では、先述の状況で教師は聴き方を指導しているでしょうか。

指導とは、ある方向に向かって教え導くことです。目指すべき方向を示し、どのようにすべきかという具体的な助言を教師はしなければなりません。子どもたちを「話を聴くことができる子ども」に育てようとする場合、教師自身の中にどのような聴き方が目指す子どもの姿なのかを明確にもって示してやる必要があります。

話の聴き方は、聴いている場面でしか指導できません。しかし、「聴いている」状態の評価はなかなか難しいものです。「聴く」とは、単に静かに座っているという状態のことではないでしょう。「聴いている」子どもは、集中して発言者を見ていたり、何かを考えていたり、何かをつぶやいたりしています。そのような姿を見過ごさず、価値付けてやるには、聴いている子どもたちの姿を観察しなければなりません。

教師が何を大切にしているのかは、教師が何を見て、どのように価値付けるのかの中に表れます。「先生は、聴くことを大切にしています」という宣言だけして、「聴いていない」子どもに「罰」を与えるような指示ばかりしていては、子どもたちからの信頼は得られないでしょう。

目では聴き方を観察し、耳では発言に集中する

授業で学び合いを生み出す教師は、子どもたちの「聴くこと」を大切にします。そのために、発言者には教師の方ではなく、全体の方を向いて話をさせるようにします。もし教師に向かって発言する場合でも、発言者が全体の方を向くように教師が移動するようにします。先の話し合いの場面の例で、教師がすべきことは、次のようなことでしょう。

・一人の子どもが発言している際、教師は目で聴いている子どもたちを観察しながら、耳では発言者の話を聴くようにする。

・教師は、次のいずれかの場所に移動する。

(ア) 発言者から最も離れた場所に立ち、全体の方を向いて話しかけさせながら、聴く側の子どもを後ろから観察する。

(イ) 発言者に全体の方を向いて話しかけさせながら、学級全体を横から見られる場所に立って観察する。

(ウ) 発言者の後ろに立って、聴く側の子どもを正面から観察する。

・話を聴いていない子がいたときには、その子のそばに静かに近寄って、話を聴くよう

にそっと促す。または、離れた位置からその子どもと目を合わせ、アイコンタクトで話を聴くように指示する（聴き方について後で個人的に話をする）。
・話の聴き方がよい子どもについて、「体ごと相手に向けて、集中して聴いていたね」「（発言者の）言葉に頷きながら、『ああ』って納得していたね」などのように具体的によい点を挙げ、全体の前で大いに称賛する。

「何を聴いたか」だけではなく、「どのように聴いていたか」を教師が評価していると、子どもたちはよりよい聴き方を意識しながら、聴くことを大切にするようになります。

言動に成長を見いだす

ノートに自分の考えを書く場面。一部の子は、自分の考えについて根拠や理由を交えて一ページ以上に書くことができている。教師は、できていない子どもたちに示すつもりで、全員の前で「○○さんは、根拠や理由を入れて一ページ以上書けていてすばらしい」とほめたが、子どもたちの意欲にはあまりつながっていないようだった。

「点」ではなく、「線」で見る

子どもたちの意欲を高めたりポイントを示したりするつもりで、基準に達している子どもを取り上げてほめるという場面を見かけることがあります。しかし、子どもたちの意欲にはなかなかつながらない場合があります。それは、なぜでしょうか。

その場合、教師は子どもたちを基準に照らし合わせて比較し、できているか、できていないのかで分別して見ています。もしかすると、教師の設けた基準に達している子を前でほめたとしても、周りの子には自分が教師の求める基準にまで達していないこと、自分が教師からできていない子どもだと見られていることを感じさせているだけなのかもしれません。いつも自分が「できていない」グループに分別されていると、特定の子どもに感じさせるようなことは避けなければなりません。

一人一人の子どもたちは、自己の成長を実感したいと思っています。しかし、子どもたち自身が自分の成長を感じ取ることはなかなかできません。そこで、基準に達していなくても、教師がそれぞれの子どもの僅かな変化（成長）を見過ごさず、以前よりも成長していることを伝えてやるようにします。

教師は、求める基準に対してその場の姿（点）で子どもたち同士を比較するのではなく、一人一人の子どもの以前の姿と現在の姿（線）で比較し、その成長を認め、さらに基準に近付くには何が必要かを示してやるようにするのです。

子どもの言動から成長を認める

先の自分の考えを書く場面の例で、教師がすべきことは、次のようなことでしょう。

・自分の考えを書いている子どもたちの間を動きながら、活動へのやる気や集中、記述量や記述内容を見ていく。

・子どもたちの活動中に、気になる子には個人的に「今日はいつも以上にすごく集中できているよ」「ここまで書けるようになったね。成長したね」などのような声をかけたり、「○○さんは、集中力が高くなったなあ」など、周囲に聞こえるように教師がつぶやいたりする。

・「みんながんばってよく書けているけれど、さらによくするためのアドバイスをするよ」と言って一旦活動を止めさせる。「○○さんのように、根拠や理由を入れてみるといいですよ。一ページ以上書けたら最高だね」のように、アドバイスや挑戦する課題を伝えて、活動を再開させる。

ここで大切なポイントは、まずは子どもたちのがんばりを認め、これまでの姿や以前の姿と比べて、よくなった点や成長している点を見つけて個人的に伝えたり、全体に紹介し

たりしてやることです。そうすることで、子どもたちの中に「先生は自分たち一人一人のことを見てくれている」という安心感をもたせるようにします。

自分のがんばりを認めてもらうことで、子どもたちには、その後に伝えられる教師のアドバイスが、自分への応援のように受け止められるのです。教師も全員の子どもたちに向けて、今書いている内容をさらによくなるようにと前置きをして、基準に達している子どもを例として挙げて説明します。例に挙げられた子どももうれしいでしょうし、がんばりを認められた子どもたちもそこを目指してみようという気持ちになるでしょう。

最後に、さらに挑戦できる高い目標を示してやることで、子どもたちのチャレンジする気持ちをくすぐるようにします。

COLUMN

教師が子どもを「見る」ということ

反省的実践家としての教師と「見る」

授業では教師の計画や予想や期待を超える多様な子どもたちの動きが生じます。そのため子どもが何を、どんなふうに考えて、何のためにそのような発言や行動をしているのかを授業の流れの中で即興的に解釈し、理解することが教師には常に求められます。また、そのような子どもの動きに応じて自分の関わりを模索、判断、決定し、振り返り、柔軟に調整していくことも必要となります。ドナルド・ショーン（二〇〇一）は、このような専門家の姿を「反省的実践家」と表現しました。教師が反省的実践家としての思考を展開させるためには、子どもたちの学びに関する多様で豊かな情報を得るための形成的評価が不可欠であり、それを支えているのが子どもを「見る」という動きなのです。

子どもを「見る」目の妥当性

ここでは、子どもを「見る」ということを妥当性と信頼性という側面から考えてみたいと思います。妥当性とは「評価したい対象を評価できているか」ということです。教育場面で評価の対象とされる、意欲、思考力、判断力、表現力、といった能力を直接に観察することはできません。そこで私たちは、子どもの行動を見ることを通じてそれらの能力を推し量ります。例えば、言いよどみながら自分の考えを話している子どもがいたとします。「説明するということは、明確になっている考えを言葉にして他者に正確に伝える行為」と考える教師にとっては、この子どもの姿は、自分の考えを十分に整理できておらず、思考力が欠如した状態に見えるかもしれません。それに対して「説明するということは、言葉を生み出す過程であり、他者の反応を受けて自分の考えを振り返ることで不十分な点に気付いたり、様々な視点から考えなおしたりするような、反省的思考のきっかけ」と考える教師にとっては、そのような思考が生じている瞬間に見えるかもしれません。

子どもが教室で学び、育つ過程を私たちはどのように考えているのでしょうか。その考え方が異なるために、教師間で同じ子どもが異なって見えていることもあるでしょう。また、その考え方が曖昧であるために、子どものあらゆる動きが同じくらい重要なことに感じられてしまったり、逆にあらゆる子どもの動きに意味を見いだせなくなってしまったりすることもあるでしょう。子どもを「見る」目の妥当性を高めるために、まずは、自分の教育観、学習観、子ども観といったものを振り返り、明確にしていくことが重要なのではないでしょうか。

子どもを「見る」目の信頼性

信頼性とは「誤差の影響を受けることなく、子どもの本当の能力をどれだけ正確に評価できているか」ということです。例えば、子どもの学習に対する意欲の高さを理解したいとしましょう。その際に、その子どもが苦手な課題に取り組んでいる場面ばかりを見ていたとしたらどうでしょうか。たまたま、その課題の場面を選んだという理由で、積極的な学習行動がなされず、結果としてその子どもの学習意欲を過小評価してしまうかもしれません。このように評価の信頼性を低下させてしまう原因（誤差）は様々です。直前に運動会の練習をしていたことによる疲労や、家を出るときに親とケンカをしたことによる気分の落ち込みといったことも誤差として想定できます。教師の側にも誤差となる要素は想定されます。子どもたちと長く関わっているからこそ生じてしまう期待や思い込み、その時々の感情の状態などは、評価の信頼性に影響するでしょう。また、本章で示されているように、教師が子どもと一緒に課題に没頭してしまうことで、子どもの動きに十分な注意を向けることができなくなってしまうことなども信頼性の低下につながります。

子どもを「見る」目の信頼性を高めるためのポイントは「多様性」にあります。①視点の多様性（複数の教師で子どもを見る、教師以外の人たちが子どもを見るなど）、②対象の多様性（様々な時点や場面において子どもを見る）、③方法の多様性（行動を観察するだけでなく、子どもから話を聞いたり、計画的な調査を実施したりする）などが考えられます。このようにして得られる多様な情報を統合しながら「見る」ことによって、子どもの真の姿に近づいていくことが重要だと言えるでしょう。

子どもを「見る」目を高めるために

妥当性と信頼性の観点に共通して、子どもを「見る」目を高めるためには、学び合う教師集団の役割が重要でしょう。他の教師と教育観、学習観、子ども観を語り合うことや、同じ授業や子どもたちについて多様な解釈を語り合うことを通じて、教師の「見る」目が拓かれ、磨かれていくのではないでしょうか。

引用文献

ドナルド・ショーン著、佐藤学、秋田喜代美訳（二〇〇一）専門家の知恵—反省的実践家は行為しながら考える—　ゆみる出版

Ⅲ

「動き」② ――指名する

テンポよく発言させる

前時の復習など内容を確認する場面。教師が問いかけると、数名の子どもたちが挙手をした。教師はまだ多くの子どもが発言できると思ったが、その中の一人を指名して発言させた。教師は「他にもあったね」と言って、挙手をする数名の子どもたちの中からまた一人を指名した。そうして、確認するべき内容を全て発言させていった。

授業への参加意識を高め、発言への抵抗感をなくさせる

先述したような状況は、授業の導入場面などでよく見かけられます。何気ない場面です

が、ここから指導者の「授業」や「授業における発言」に対する考え方が垣間見えます。

この場面は、復習や確認の場面です。通常は、全ての子が発言できなければなりません。先の状況の指導者も「まだ多くの子どもが発言できる」と考えています。しかし、指導者は、挙手をしている子ども数名に発言させただけで、確認を終わらせています。

挙手は、「発言しよう」という意欲の表れです。挙手をしていないからといって、発言できないとは限りません。では、子どもたちはなぜ挙手をしないのでしょうか。それは、自分が発言しなくても授業が進んでいくからです。そのような授業を繰り返したことにより、発言しない「癖」のようなものが身に付いてしまったのかもしれません。

授業において全員が参加することは、当然のことです。教師がそのような態度で、子どもたちに発言を求めていくことが大切です。時々、「全員が挙手をするまで待つ」という指導を見かけますが、それも子どもの主体性を高めているのではなく、強制しているのです。しかし、あからさまな強制は、場の雰囲気を悪くさせます。授業には、リズムとテンポが大切です。リズムとテンポの中で、子どもたちにどんどん発言させていくようにします。一度発言したことで、子どもたちの授業への参加意識が高まったり、発言への抵抗感がなくなったりして、意欲的に発言するようになることはよくあることです。

列などで指名する

先の確認の場面で、教師がすべきことは、次のようなことでしょう。

・端的に答えられるように、何について確認するのかを明確に問いかけ、ペアで話し合わせる。
・ペアで話し合わせた後で、列を指定する。
・少し間を置いて、順に発言させる。
・子どもたちには、端的にテンポよく発言させていく。
・発言の内容を認めたり確認できたことを称賛したりする。

指名の前にペアで話し合わせ、全員を参加させます。そして、列などで当てられることで、後半に発言する子どもは発言する準備をすることができます。列の最初の子どものために、発言の前に少し間を置いてやることも大切です。子どもたちに端的に答えさせていくことで、発言にリズムやテンポが生まれます。そうした中で、発言に対する抵抗感がなくなり、発言が苦手だと思われがちな子どもも発言できるようになります。そして、指導者が発言の内容を認めたり、全員で確認できたことを称賛したりすることで、子どもたち

に発言に対する自信をもたせるようにします。

もし、確認すべきことが少ない場合でも、発言者の数を限定しません。全てについて発言された後でも「○○さんと同じで、……」と発言させます。そうすることで、確認すべきことがいくつあったのかを子どもたち自身で見いだせますし、新たな内容が見つからない子どもにとっても、安心して発言することができます。

授業の中で、「発言してくれる人?」「発言できる人?」と指導者が挙手を促す場面を見かけることがあります。しかし、その声によって、子どもたちの主体性が高まることはありません。発言に対する子どもの主体性は、待っていても高まりません。何かしらの「強制」の中で、発言することに慣れ、認められることで、引き出されていくのです。

複数を指名する

全体での話し合いの場面。子どもたちに意見を求めると、いつもの子どもたちが挙手をする。その中の一人を指名すると、指導者が求めていたものとは少し違う内容を発言した。その後、「……ということだね」と指導者が修正をし、その内容を板書した。次の意見を子どもたちに求めると、先ほどよりも挙手の数は少なくなった。

多くの発言によって、話し合いが子どもたちのものになる

先述の状況も前項と同様に、子どもたちの中での発言者が固定化してしまっているようです。指導者は子どもたちに自分の意見を発言するように求めていながら、子どもの発言に対して指導者自身の解釈を交えて了解なく修正をし、すぐに板書しています。その行為から子どもたちは、「教師のもっている『答え』を自分（子ども）たちに言い当ててほしいのだ」と無自覚的に感じ取ります。そのような指導を繰り返したことから、指導者の思いを汲み取って発言できる勘のいい子どもばかりが発言し、周囲の子どもたちは自分が発言しなくても進んでいく「話し合い」の傍観者となっている可能性があります。

子どもたちに対話を通して学び合わせたいのであれば、場面に応じて指導者はファシリテーターに徹しなければなりません。子ども一人一人の意見に対して、その都度コメントをしていると、授業のリズムやテンポが崩れてしまい、発言しにくくなる場合があります。

また、話し合いは一人の意見では「決定」しません。同じような意見が多数出された場合や違う視点から見たときに浮かび上がる問題が解決できた場合などに、次に進むことができます。つまり、多くの発言が必要なのです。一人の子どもから出された意見を「決定事項」として板書するには、それを「承認」する他の子どもたちからの意見が必要です。

物事を集団で考えて決定するには、多くの発言が必要であるという姿勢を指導者が見せ、強く子どもたちに求めていくことで、話し合いが子どもたちのものになっていきます。

挙手に関わらず複数を指名する

先の話し合いの場面の例で、教師がすべきことは、次のようなことでしょう。

・挙手をしている子どもから「一番、○○さん、二番、○○さん」と指名し、挙手をしていない子どもから「三番、○○さん、四番、○○さん」と指名する。

・教師は、発言者から最も離れた場所等に移動しながら、頷きながら発言を聴く。

・しばらく待って、発言に困っている様子の場合は、「時間をください」と言わせる。

・(新たに指名した)一人から二人の子どもの発言の後で、「時間をください」と言った子どもに戻して発言させ、発言できたことを称賛する。

挙手をしていない子どもを当てるのは、「何を発言するか心配だ」、または「子どもに対してひどいことだ」などのように考える読者もいるかもしれません。「何を発言するか心配だ」と考えてしまうのは、教師のもつ「答え」を言わせたいという思いの裏返しです。また「ひどいことだ」と考えてしまう場合、授業において子どもたちにとって最も大切なことは何かということについて考えてみましょう。「強制的」に発言させたとしても、次のような教師の行動や様子に、子どもたちは教師の思いを感じ取っていきます。

・分け隔てなく指名する姿から、子どもたち全員を大切にしたいという思いを感じる。
・挙手をしていない子どもが当てられるのは三番目以降であり、「時間をください」と言った子どもと同様、必ず友達の考えを聞いたり考えたりする時間が用意される。発言できずに座ったという事実が残らないことから、教師の思いやりを感じる。
・発言に時間がかかっても、教師の待つ姿勢から、「できる」と信じる思いを感じる。
・発言が拙くてもたどたどしくても、真剣に耳を傾けて称賛する姿から、自分たちの考えの価値を見いだそうとする教師の思いを感じる。

教師の思いを感じ取った子どもたちは、挙手せずに指名されても、自分の前に発言した友達よりも、さらに詳しく、自分の言葉を加えて発言するようになります。

「同じです」で終わらせない

全体での話し合いの場面。ある子どもが発言すると、学級の子どもたちはいつものように「同じです」とすぐに反応する。教師が複数の子どもたちを指名したところ、最初に発言した比較的学力の高い子どもの意見を聞いて、その他の子たちが「○○さんと同じです」と言って、着席した。教師は、最初に発言した子どもの意見を板書した。

「考えが全く同じになることはない」からこそ、対話が始まる

先述したような状況は、多くの学級の学習場面で見られる光景です。子どもたちは、友

達の発言に対して、それほど深く考えることもなく「同じです」と反応しています。みんなの声が小さいときなどには、教師から「もっと大きな声で反応してあげなさい」という指示まで出すことさえあります。その声はもはや友達が発言した内容に対する周囲の子どもの考えの表明ではなく、発言を景気付ける「合いの手」のようになっているようにも聞こえます。確かに全員の考えが「同じ」になっていけば、授業はスムーズに進んでいき、教師にとっては指導しやすいと感じるでしょう。

しかし、自分の考えが、他者と全く同じになることなどあるのでしょうか。結論が同じでも、その根拠や理由、湧き上がる感情など多少の違いがあるはずです。互いにわかり合えないからこそ、私たちには他者や自己と対話する必要が出てくるのです。

学習の中で子どもたちが、機械的に「同じです」と友達に同調し続けることで、自分で深く考えない習慣が身に付いてしまいます。指名された子どもたちが、最初に発言した友達の意見に「同じです」とだけ発言して座った場合でも、多くの考えが出されているように見えるだけで、対話は生まれず、考えの具体性は増してはいません。

指導する教師には、子どもたちが思考を働かせて発言しているのかどうかを判断し、結論が同じでも自分の言葉で表現させるようにする必要があります。

「○○さんと同じで、……」と発言させる

先の例で友達の発言に対する反応のさせ方として、教師が指導すべきことは、次のようなことでしょう。

・友達の発言に対して、「同じです」「似ています」「他にあります」など、考えを比較して自分の立場を表現する言い方を教える（「でも」「だったら」など、考えに対して反論したり発展させたりする言い方もある）。
・友達の発言に対して、自分の考え方と比較して合う言い方を選択・判断して反応させる。
・教師は、反応した子どもに対して、『同じ』って、どこが同じなの」などのように発言を求める。

このように自分で考えて反応させ、教師が発言を求めていくことで、子どもたちには友達の発言を集中して聴く必要性や反応することに対する責任が生まれます。

また、指名した子どもが「同じです」とだけ発言した場合には、教師は次のように指導するといいでしょう。

・「『〇〇さんと同じです』ではなくて、『〇〇さんと同じで、……』何ですか」と尋ね、言い直させる。
・言い直す子どもの発言を聞きながら、教師は言葉の使い方や考え方の違いを見つける。
・発言した子どもに対して、「あなたは『同じです』って言っていたけど、……が違っていたし、ちゃんと自分の言葉で考えられているじゃないの」と大いに称賛する。

このように指導していくことで、友達の発言に対する価値ある聴き方だけでなく、考えを自分の言葉で説明することの大切さを子どもたちに感じ取らせていきます。違う考えが出されるからこそ、対話と学び合いが生まれることを教師が実感し、授業の中で大切にしていくことで、子どもたちは自分の言葉で表現しようとしていくのです。

つぶやきを聴く、表情や指先を見る

全体での話し合いの場面。活発な議論をさせようと教師が発問をする。しかし、子どもたちからは手が挙がらない。教師は「意見を言える人はいませんか」と発言を促すが、反応が見られない。一人を指名して発言させれば議論が起きるだろうと、発言をさせた。子どもたちは少し頷いたり首をかしげたりしていたが、挙手はしなかった。

子どもたちは「サイン」を送っている

先述したような状況の場合、いくつかの原因が考えられます。①教師と子どもたちとの人間関係がうまくいっていない、②いつも教師のもつ「答え」を言い当てさせる授業を繰り返していて、その「答え」がわからない、③発問が抽象的だったり難解だったりして答えにくい、などです。ここでは、①②での問題はなく、③の場合（発問そのものがよくない場合を除く）で考えてみます。授業で子どもたちに考えさせようと、教師が敢えて難しい発問をすることがあります。そうした発問をした場合、子どもたちからすぐに手が挙がることはあまりないでしょう。誰も自分の考えが正しいのかどうか確かな自信がもてないからです。そのように子どもたちが迷っているときに、例に挙げた教師は「意見を言える人はいませんか」と発言を求めています。この教師が言った「言える人」とは、どのような意味で使われているのでしょうか。「言う勇気がある人」なのか、「答えを出せている人」なのか、いずれにしても子どもたちがますます発言しにくい状況にしています。

子どもたちは、自分の考えに対する強い思いがあるときに挙手をします。迷っている、何となくそう思う、というときには、挙手はしません。しかし、その思いは目線や表情、細かな動作に表れます。教師は、子どもたちがそうした「サイン」を送っていることに気付き、見逃さないようにしなければなりません。教室内のルールでどのように動いたのかではなく、子どもたちの動きにどのような心の動きが見えるのかを判断していくのです。

子どもたちのつぶやきを聴き、目の動きや表情、指先を見る

先の話し合いの場面の例で、教師がすべきことは、次のようなことでしょう。

・発問した後、少し間を置いて、子どものつぶやきを聴き、子どもたちの目や表情、指先を見る。

（ア）何人かがつぶやいている。

（イ）教師を真っ直ぐに見つめている。

（ウ）困った顔をしながら見ている。

（エ）首をかしげながら、指先を少し浮かす動きをしている。

発問に対する子どもたちの何らかの反応を引き出すには、教師が話をしない「間」が必要です。子どもたちは「間」で考えています。

（ア）の子どもたちは、すぐに反応できた子どもたちです。その子自身に説明を求めることもできますが、そうすると周囲の子たちが置き去りにされてしまう可能性があります。そこで、「今、〇〇さんは、……ってつぶやいていたけど、どのような意味なのかな。隣の人と話し合ってごらん」というように、つぶやきをヒントにして全員に話し合いを促す

ことで、全体を巻き込んで考えさせることができます。（イ）の子どもたちは、自分の考えをもつことができている場合が多く、（ウ）や（エ）の子どもたちも、迷いながらもある程度自分の考えをもつことができている可能性があります。これらの子どもたちには、「自分が言えるところまででいいから、言ってごらん」のように発言を求め、出された言葉をヒントにして、また（ア）の場合のように全員に話し合いを促すことができます。また、友達の発言を頷いて聴いている子どもにも「今、頷いていたけど、どんなところに納得したの」などのように発言を求めることができます。

子どもたちの反応の仕方は様々です。その子どもの背景を知っている担任だからこそ、学級の子どもたちの発する様々な「サイン」を見過ごさず、授業に生かしていきましょう。

少数派から／多数派から発言させる

全体での話し合いの場面。子どもたちの考えを挙手で表明させると、「A」（多数）と「B」（少数）の二つに意見が分かれた。教師が発言を求めると、挙手をして指名された子どもは、全員が「A」を主張し、その理由を説明した。そこで、教師が「B」の意見の子どもたちに説明を求めたが、誰も挙手をしなかった。

少数派の考えに耳を傾ける態度を育てる

授業で教師が二者択一の問いを投げかけたり、話し合いの中で意見が分かれたりする場面で、先述のような状況はよく見られます。多くの場合、多数派の考えの子どもたちの方が妥当だったり一般的だったりする意見を発言します。教師もそのような反応を期待して、発問していることもあるでしょう。多数派の考えの子どもたちは、自分の考えが妥当であることを周囲の反応から確信しやすく、自信をもって意欲的に発言します。さらに、それらの意見に対して、教師が「言い得ている」というような表情で聞いていれば、少数派の考えの子どもたちはますます自分の意見は言えなくなっていくでしょう。

子どもたちがもつ考えには、本人の自覚の有無に関わらず、必ずその子なりの理由があります。周囲にとっては、感覚的だったり突飛だったりする意見でも、よくよく話を聴くと、その子がそのように考えたことに納得してしまうことはよくあることです。

しかし、先の例のような状況では、少数派の考えの子どもたちがそのように考えた理由を発言する機会は失われてしまいます。教師は授業がスムーズに流れたと満足するかもしれませんが、ただ自分の考えは駄目なのだと、少数派の考えの子どもたちが自分の思いを押し殺していただけなのかもしれません。子どもたちには、話し合いを通して得られる結果だけでなく、少数派の意見に対しても共感的に耳を傾けていくという、集団で物事を考えていくための態度も身に付けさせていきたいものです。

少数派（多数派）の考えから発言させる

先の話し合いの場面の例で、教師がすべきことは、次のようなことでしょう。

・少数派の考えの子どもたちから意見を言わせる。

・少数派の考えの子どもたちが理由を説明できない場合、なぜその子がそのような考えをもったのかを多数派の子どもたちに推測させる。

・その後、多数派の考えの子どもたちが自分の考えを説明する。その際、どこが同じで、どこが違っているのかを意識させる。

右のように話し合わせていくことで、少数派の子どもたちは自分の考えを排除されることなく、安心して話し合いに参加することができます。そして、自分がどこで多数派の考えの子どもたちと違っていたのか、理由の違いに気付くことができます。

しかし、いつも多数派の考えが「正しい」というような話し合いを繰り返していると、子どもたちに、話し合いは常に「数」で決まっていくものだという考えをもたせてしまうことになります。時には、少数派の考えの方が説得力があった、妥当だったというような逆転が起きる課題を意図的に教師が設定していくことも必要です。そのような場合、次の

ような流れが考えられます。

・多数派の考えの子どもたちから意見を言わせる。

・少数派の考えの子どもを指名して意見を言わせる。
全て言えない場合は、一部説明させて、教師が補足する。

・多数派の考えの子どもたちに少数派の考えの子どもが発言した内容の意味についてペアで話し合わせる。

・二つの考えの違いについて発言させ、より説得力のある方について考えさせる。

また、子どもたちに、後から発言させる方が教師の求めている「答え」だというような思いを抱かせないためにも、発言させる順序に変化をもたせることも必要でしょう。

COLUMN

子どもの学習意欲と教師の指名

「効力期待」と「結果期待」

本章で述べられていた「指名」について、子どもの学習に対する意欲（動機づけ）の側面から考えてみましょう。バンデューラが提唱した自己効力感（Bandura, 1977）の考え方では、「効力期待（自分がある行動を遂行できるという感覚＝自己効力感）」と「結果期待（その行動によって目的が達成できるという感覚）」の両方が高いときに意欲が高まるとされています。結果期待が高くても効力期待が低いと自己卑下や劣等感につながりますし、効力期待は高くても結果期待が低いと周囲に対して不満を感じたり、挑戦的な態度を示したりすることになってしまいます（宮本・奈須、一九九五）。教師の指名は、これらの期待にどのような影響を及ぼすのでしょうか。

効力期待と教師の指名

成功体験を繰り返す中で、子どもたちは効力期待を高めていきます。しかし、失敗の経験を繰り返してしまうと、逆に自分が無力だということを学習してしまいます。このような「学習性無力感」(Seligman & Maier, 1967) の状態に陥ってしまうと、自分ができることに対しても意欲をもつことができなくなります。ですから「挙手に関わらず複数を指名する」ことにはためらいを感じてしまいます。子どもに失敗体験を積ませてしまうことになりかねないからです。そこで確認しておきたいのが、自分の考えをまとめるための時間の確保、ペアで話し合う活動の設定、挙手をした子どもの後に発言するという約束などによって、挙手をしていない子どもであっても、教師に指名されたときには何かしらの発言をすることができるような状況がつくられていることです。教師はこのような状況をしっかりと整えた上で、挙手によらない指名を通じて子どもの挑戦を後押しすることで、成功経験を積ませて、子どもの効力期待を高めていると考えられます。

また、このような教師の指名は、発言している子どもだけでなく、その発言を聞いている子どもたちの効力期待を高めることにもつながっているのではないでしょうか。「あの人にできたのなら私にもできるはず」とか、逆に「あの人が失敗するのなら私もできそうにない」といったように、他人の行動を観察することで効力期待は変化します。その影響は、自分と観察対象が似ていると感じているほど顕著になります。教師の指名によって、挙手していなかった子どもが発言する姿は、同じように挙手できない子どもたちにとって、次の挑戦を後押しするメッセージになっていると考えられます。

結果期待と教師の指名

教室には、他の子どもと異なる独自の考えをもつ子どもがいるものです。そのような考えが授業に表現されることで、他の子どもたちに「あれ？」「どうして？」といった疑問や葛藤を引き起こすきっかけが生まれます。その解決のための話し合いの中で、自分とは異なる視点から問題を考えなおしたり、複数の意見を統合した考え方を生み出そうとしたり、自分の理解の限界や曖昧さに気付いたりするような深い学びがしばしば生じます。

ですが、そのような考えが発言されないまま授業が終わってしまうこともあるでしょう。子どもが「自分がこんな考えを言っても、他の子どもたちはちゃんと聞いてくれないだろう。よくわからないという顔をされたり、笑われたり、一方的に否定されたりするのではないか……」とか、「先生はみんなが言っている意見や、授業の内容がよくわかっている〇〇ちゃんの意見で授業をいつもまとめてしまうから、自分がこんな考えを話しても意味がないだろう」といった認識によって発言を控えているとすれば、それは独自の考えを発言することに対する結果期待をもつことができていない状態です。

このような少数派の子どもたちの発言に対して、教師が共感的に聞く、他の意見と同じ点や違っている点を明確にする、子どもの考えを補いながら確認する、発言の内容を他の子どもに推測させる、といった動きが提案されていました。これらはいずれも、多数派の子どもたちが少数派の子どもの発言をしっかりと聞くことを促す働きかけだと考えられます。教師が共感的に聞く姿を見て、他の子どもたちも、たとえ少数派の意見であっても、何か大切な考え方があるのではないか、と感じるかもしれません。教師が子どもの発言を確認して全体に広げることによって、発言者と切り離して、発言の内容をしっかりと聞くことが促されるかもしれません。子どもに発言の内容を推測するように求めることで、少数派の考えが正しいか間違っているかではなく、その人たちが何を言いたいのかをまずは理解しよう、という態度で聞くことが促されるかもしれません。そして、子どもの聞き方が変わることで、少数派の発言によって学級全体の思考が揺さぶられ、さらなる授業の展開が生じる可能性が生まれるのです。そのような授業を経験することによって、子どもたちは、人と違う考えを発言することの価値を実感し、自分の発言を傾聴してくれる学級の雰囲気を感じ取ることで、発言への結果期待を高めていくのではないでしょうか。

動きの中で意欲が高まる

私たちは「子どもたちは意欲が高いから行動する」と考えがちかもしれません。しかし、授業において子どもたちが最初から意欲を示すという状況は、むしろ希ではないでしょうか。そこで重要なことは、「行動する中で意欲が高まっていく」という方向性もあることを意識することだと思います。最初は教師が「強制」的に子どもを動かしていたとしても、その動きを授業の展開につなげたり、価値付けたりする中で、子どもたちの意欲は高まっていきます。そして、子どもたちが学習に対する積極性を示しはじめたところで、教師はその「強制」の度合いを少しずつ減らして、子どもに権限を渡していけばよいのではないでしょうか。授業の中では、このような教師と子どもの関わりのダイナミズムの中で学習への意欲が絶えず生成されていることを、本章の教師の動きが教えてくれているのだと思います。

引用文献

Bandura, A. (1977). Self-efficacy: toward a unifying theory of behavioral change. *Psychological review*, 84(2), 191.

宮本美沙子・奈須正裕編著（一九九五）達成動機の理論と展開—続・達成動機の心理学— 金子書房

Seligman, M. E., & Maier, S. F. (1967). Failure to escape traumatic shock. *Journal of experimental psychology*, 74(1), 1.

Ⅳ

「動き」③——聴く

「声」を要求する

全体での話し合いの場面。教室の端の席の子どもが指名されて発言をする。下を向いてノートを見ながら、一生懸命にぶつぶつと何かを言っている。何と言っているのかは聞こえづらかったが、授業を進めるために教師は何とか聞き取り、「なるほど。○○さんは、……と考えたんだね」と言って、全体の子どもたちに伝えた。

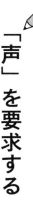

伝えるための「発声」と「発音」がある

本章のテーマは「聴く」ですが、その前に、まずどのように子どもに発言させるかについて考えてみましょう。先述したような状況は、授業場面でよく見られる光景です。指名された子どもは、決してやる気がないわけではありません。しかし、その子の発言はみんなにはっきりとは伝わっていません。教室のような空間では、人に伝えるための「声」が必要です。しかし、教師は言い直させることなく、授業を進行させています。教師が、発言を止めて言い直させなければ、自分たちの発言の仕方に対する問題意識が子どもたちに生まれることはありません。

子どもたちに学び合わせるには、相手に届く「声」が必要です。日常生活で友達と話す声と全員の前で話す声は違います。子どもたちはそれをあまり意識せず（知らず）に、自分の考えを「伝えている」のです。

授業でみんなに考えを伝えるためには、息をしっかりと吐いて、教室の端から端まで届く声を出さなければなりませんし、顎や唇、舌を動かして、はっきりとした言葉で話さなければなりません。下を向いていると、息が強く吐けずに声が弱々しくなり、口が開かずにはっきりと発音できなくなります。

教師は、日々の学校生活の中で、授業の中で、子どもたちに「声」を要求し、指導していかなければなりません。学び合うための「声」は、教師がつくっていくのです。

学び合うための「声」を意識させる

先の音読場面の例で、教師がすべきことは、次のようなことでしょう。

・発言している子どもに、「声が下に落ちていて聞きづらいな。下を向かずに、みんなの方を向いて、あなたの考えをはっきりと大きな声で、最初からもう一度みんなに伝えてごらん」と指示する。

・発言後、「ほら、◯◯さんの……という考えがしっかりと聞こえたね」と周囲の子どもたちとともに、はっきりと大きな声で伝える価値を確認する。

「声」とは、どのようなものかについて、学級の子どもたちとイメージを共有するために、年度当初に次のような実験をしてもいいでしょう。

・三人の子どもを教室の壁に向かって間隔を開けて立たせる（目を閉じさせる）。

・一人の子どもが少し離れたところに立ち、壁に向いて立つ三人の内の一人の子どもに向かって背中の方から「おうい」と呼びかける。

・壁に向いて目を閉じて立つ三人の中で、自分が呼ばれたと思った子どもは静かに手を挙げる。

この実験をすると、声は広がって届くものではなく、届けたい方向に「ボール」のように塊となって届くものだというイメージを全員で共有することができます。そして、日々の授業の中で、子どもたちに「声を届ける」ということを意識させることができます。

また、先述したように、伝わるように話すには、息をしっかりと吐いたり、顎、唇、舌を動かしたりするトレーニングが必要です。そのためには、日常的に音読したり、歌を歌ったりする活動を継続させるようにします。その中で、息を吐くのに強弱を付けたり、「ア、イ、ウ、エ、オ」の母音が自然と意識されたりする詩や歌を選ぶようにします。そうすることで、子どもたちには、伝えるための「声」を無理なく身に付けさせることができます。『声』は届けるのが当たり前」という子どもたちに育てていきたいものです。

発言者から離れる

全体での話し合いの場面。指名された子どもが起立して発言をする。声が小さく、言っていることが聴き取りづらかったので、教師は、その子どもの側へ行って、耳を傾けた。そして、発言終了後に、「なるほど、〇〇さんは、……と考えたんだね」と全体の子どもたちに伝えた。

教師が間に入らずに、学び合う場をつくる

先述したような状況で、その子に近づいて発言を聞き取った教師の行動は、子どもたち

にどのような影響を与えるのでしょうか。

一つは、(もちろん、子どもの実態にもよるでしょうが、) 発言している子どもに対して、教師が「この子は、要求しても伝わる声で発言することができない」という思いをもっているのではないかと感じさせます。

二つは、発言している子どもにとっても、教師が近くに来て聴こうとすれば、そこに届くぐらいの声で話すようになり、はっきりと大きな声で伝える機会を奪われることになります。

三つは、そのような教師の暗黙の思いを感じながら、二人のやりとりを見た周囲の子どもたちが、その発言している子どもへの見方を固定させてしまう可能性があります。

最後に、教師が見せた行動によって、「小さな声で発言しても、先生が聞き取ってみんなに伝えてくれる」、「後で先生がまとめてくれるので、友達の発言を聴かなくてもいい」というような思いをもたせるかもしれません。

それらのようなことを防ぐためにも、まずは前項で述べたように、教師は伝えるための「声」を発言者に要求していかなければなりません。そして、教師が間に入らずに、子どもたち同士で学び合えるような場にしていく必要があるでしょう。

発言者から離れる、しゃがんで聴く

先の話し合いの場面で、教師がすべきことは、次のようなことでしょう。

・発言する子どもから教室内の最も離れた子どもの後ろへ移動する。
・子どもの後ろから発言者に声を届かせるように要求するジェスチャー（口を大きく開ける、耳に手を当てて傾ける等）を送る。
・もし、前項のように「声」を要求しても、発言が聞き取りにくい場合は、「今、○○さんは何て言っていましたか。ぜひ聴きたいので教えてほしい」と尋ねて、近くの子どもに説明させる。
・近くの子どもが説明したら、最初に発言した子どもに「今、○○さんが説明してくれたことで合っていますか」と確認する。

学び合う雰囲気ができ上がっていない学級では多くの場合、発言する子どもたちは教師に向かって話をします。教師が発言する子どもに対して、「全員の方を向いて話しなさい」と促すこともできますが、時間が経つと子どもたちの意識はまた教師に向いてしまいます。

そこで、教師自身が動いて子どもの発言を聴くようにします。発言する子どもから教室

内の最も離れた子どもの後ろへ移動することで、発言者は教師を目で追いかけ、全員の方を向いて発言することになります。そして、最も離れている教師の場所から発言者の声が聴き取りづらい場合、聴いている子どもたちの後ろから、教師が発言者に対して声を届かせるようにジェスチャーを送ることで、発言を遮ることなく、全員に伝わる「声」を要求することができます。それでも、聴き取れない場合には、周囲の子どもに説明させることで、子どもたちに聴く必然性をもたせることができます。また、時には教師が、発言者から離れた場所にいる子どもの側にしゃがんでみてもいいでしょう。教師は子どもの座っている高さで発言が聞こえるかを確認できるとともに、発言者は、視界から教師の姿が見えなくなったことで、全員の方を見て発言せざるを得なくなります。

発言を分析する

全体での話し合いの場面。教師が発問をすると、いつも発言する子どもたちが、勢いよく挙手をした。

しかし、当てられた最初の子は、教師がねらっている言葉を発言しなかった。教師は、「他にありますか」と他の子に発言を促す。何度かそのようなやりとりを繰り返し、五人目の子どもがようやくその言葉を発言したので、教師は「いい言葉に気付いたね」と板書をした。

次の発問をすると、挙手をする子どもの数は減っていた。

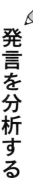

発言される言葉は、その子どもの思考の一部である

先述した例の教師は、子どもたちからねらいとした「言葉」が出ることだけを求めて、「他にありますか」と繰り返しています。それは、子どもたちにどのようなメッセージを与えることになるのでしょうか。

先の例では、子どもたちは自分の考えを発言することではなく、教師の頭の中にある「正解」となる言葉を言い当てるように求められていることを感じ取ります。教師は「他にありますか」と言いながら、一人一人の子どもの考えを否定しているのです。自分の考えが否定され、教師の考える「正解」を求める授業を繰り返し受けることで、多くの子どもは、学ぶおもしろさを感じられなくなるでしょう。そして、教師が求める「正解」を当てられる数人の勘のいい子どもだけが活躍する授業になっていきます。

子どもが発言する言葉は、思考の一部です。子どもたちは、自分で意識しやすい部分だけを言葉にします。

例えば、遠足に行った感想を尋ねると、多くの子どもが同じように「楽しかった」と答えるでしょう。しかし、その「楽しさ」の内実は、一人一人異なります。ある子どもは友

達と鬼ごっこをして遊んだことを理由に挙げ、ある子どもは友達と弁当を食べたことを理由に挙げるかもしれません。その理由の具体的な部分については「何を楽しいと思ったのか」を聞き出さなければ、明らかになりません。

子どもたちの発言は、不充分であることを前提に聴く必要があります。子どもたちには、必ず理由があって、その「言葉」で表現しているのです。たとえ表現が曖昧で、教師のねらいとする「言葉」ではなくても、目標とする内容について考えられている場合もあります。先述した例で、当てられた四人目までの子どもたちも、教師のねらいとする言葉で表現しなかっただけで、目標とする内容については考えられていたかもしれません。

子どもたちの発する言葉は、思考の一部であることを教師が意識することで、子どもの発言の本質を聞き分けようとする構えをもつことができます。教師は、自分の考える「正解」を言わせようとするのではなく、子どもたちの発言に集中し、発言の中に垣間見えるその子の考えやその背景を推測し、子どもたちに学び合わせるための方向性を探る聴き方をしていく必要があります。

子どもの発言を分析しながら聴く

先の話し合いの場面で、教師がすべきことは、次のようなことでしょう。

・子どもの発言を次のような点で分析しながら聴く。

（ア）何を言おうとしているか（内容）

（イ）なぜそのような表現をするのか（原因）

（ウ）何が足りないのか（ゴールへの位置付け）

（エ）どこが他と違うのか（価値）

（オ）どのように生かせるか（展開）

子どもの発言する言葉は、考えていることの一部しか表現されていません。教師は、その言葉から見えてくる思考の全体像や指導の方向性を分析しながら、発言を聴かなければなりません。

（ア）何を言おうとしているか（内容）

事前に準備されたスピーチならば、筋道立てて説明できるかもしれませんが、話し合いの場では、自分の考えを整理して表現することを苦手と感じる子どもも少なくないでしょう。そのような場面では、たどたどしかったり、曖昧に感じられたりする意見も認めていかなければ、全員の子どもが話し合いに参加することはできません。発言者の子どもが、ぽつりぽつりと選びながら話す言葉を聴き、何を言おうとしているのか、その内容について把握しようとしなければなりません。

（イ）なぜそのような表現をするのか（原因）

子どもの発言を聴いていると、時に突飛な感じを受ける意見を言う場合があります。そうした場合に、教師が考えている「正解」と違うからと切り捨てるのではなく、その子どもがなぜそのような表現をするのかについて考えます。その原因には、主に次の三つが考えられます。

・考えている内容は似ているが、表現するために選択した言葉の違い

語彙の少ない子どもたちは、自分の知っている言葉で説明をしようとして、全く意味の異なる言葉を選択する場合があります（例：「お礼」と「お詫び」）。

・着目した根拠による解釈の違い

考えをつくるために着目した根拠が違うことにより、全く違う解釈が出されることがあります。そうした場合、根拠を選択する観点が曖昧になっている可能性がありま す。

・同じ根拠から解釈の差異を生み出す既有知識や経験の違い

同じ根拠に着目していても、全く違う解釈をしている場合は、その根拠を解釈するための既有知識が不足していたり、解釈に強く影響を与える経験をしていたりする場合があります。

これらの他にも、単に問われていることに対する捉え違いの場合もあります。

このように、突飛な感じを受ける発言も、なぜそのような表現になるのか、言葉の背景にあるものを分析しながら聴くことによって、さらに学習のゴールに向けて何が足りないのかを見いだすことがあるのです。

（ウ）何が足りないのか（ゴールへの位置付け）

発言を聴きながら、「なぜそのような表現をするのか（原因）」を考えることで、教師が子どもたちに到達させたいゴールのレベルまで、あと何が必要なのかを見いだすことができます。さらに多くの考える時間を与えればいいのか、新たな知識を与えればいいのか、経験を想起させればいいのか、別の根拠となる情報に着目させればいいのかなど、子どもたちに必要な支援について考えます。

（エ）どこが他と違うのか（価値）

子どもが、他とは違う発言をした場合に、「なぜそのような表現をするのか（原因）」について考えるのと同時に、「その子の発言には、どのような他の子どもと違った価値があるのか」についても分析します。

発言の背景にある、その子の考えの前提となっていることや根拠に着目する観点、解釈、表現する言葉の選び方など、発言している子ども自身は明示したり自覚したりはしていないけれども、他の子どもたちにとって学ぶ価値のある点やその子どもの考えを相対化することで見えてくる点などがないかを探りながら、発言を聴きます。

（オ）どのように生かせるか（展開）

一人の子どもの発言をきっかけに、他の子どもたちを巻き込んで、どのように思考させていくのか、その方途について考えます。子どもたちとは違う考えをもった子どもの立場に立たせて考えさせることで、互いの考えを比較し、相違がなぜ生じたのかを考えさせたり、自分の考えを強化・付加・修正させたりするなど、子どもたちの発言を生かしながら、話し合いを組織していく流れを組み立てます。

教師は、これらのような分析を行いながら子どもたちの発言を聴いていく必要があります。子どもの発する「言葉」の表面的な意味に戸惑わされることなく、そこから見えてくる子どもの思考について考えていくことで、子どもたちが安心して学び合える授業を展開することができるのです。

待つ

全体での話し合いの場面。教師が発問をして、指名された子どもが発言し始める。「えぇっと、何か……」というように、ぽつりぽつりと話し、途中で言葉に詰まってしまった。教師は、その子どもの発言が途切れたので、「○○さん、座ってください」と着席するように言った。その子どもは、肩を落として着席した。

子どもは黙って考えている

先述した例では、指名された子どもは「ええっと、何か……」と言っています。この

「ええっと……」「何か……」などの言葉は、自分の考えていることを表現するのに適した言葉を頭の中で模索しているときに自然に出てくる言葉です。発言している子どもは、自分の考えを積極的に発言しようとしているのです。しかし、教師は時間を気にしたのか、発言が途切れるとすぐにその子どもに着席するように指示をします。その子どもにとっては、「また自分の考えを言えなかった」という悲しい思いをした事実だけが残ります。周囲の子どもたちに対しても、「いつも発言できない子」という印象を与えかねません。

学級の中には、言葉に淀むことなく話せる子どもがいますが、全ての子どもがそのように話せるわけではありません。活発に自分の意見を発言できる子どもたちだけで話し合いを進めると、自分の考えを発言するのが苦手な子どもたちが置き去りにされてしまう可能性があります。そのような子どもたちにも発言の機会を設けることは大切なことですが、その際に教師の「待つ」姿勢が必要になります。

真剣に考えようとするとき、子どもたちは黙ります。発言が途切れたとしても、その子どもは一生懸命に考えている最中なのかもしれません。教師は、子どもの目の動きや表情、姿勢から、その子どもがまだ発言をしようとする「ファイティングポーズ」をとっているかどうかを見極める必要があります。

子どもの様子を見て、判断して待つ

先の話し合いの場面の例で、教師がすべきことは、次のようなことでしょう。

・発言の途切れた子どもの目の動きや表情、姿勢を見る。

・まだ考えている最中だと判断した場合には、「まだ考えているんだね」と言って、視線を外して発言が出るまで待つ（あきらめていると判断した場合には、「時間をください」と言わせて、後から発言をさせる。※五八ページ「複数を指名する」参照）

・発言できたら、「最後まであきらめずに発言できたね」と称賛する。

発言が途中で止まっても、まだ発言しようと考えている子どもの多くは、頭を上げて前を向き、考えながら目を動かしています。逆に、発言をあきらめた子どもの目は動かずに伏し目がちになったり、頭を下げたままにしたりします。そのような子どもの様子から、まだ発言しようとしているのかどうかを判断していきます。判断に迷った場合には、「自分の考えを言えそうですか」と確認してもいいでしょう。その際、心配そうに尋ねてしまうと、それに子どもが応じるように、あきらめてしまう場合があるので注意しましょう。

教師が子どもの発言を待つ場合、その子どもをじっと見つめたままでいると、周囲の子

どもたちも教師と同じように視線を送ります。子どもによっては、それによって考えることに集中できなくなる場合があるので、教師が視線を外したり、発言する子どもの後ろ側に移動して視界から姿を見えなくしたりするなどして待つ場合もあります。

教師が子どもの発言を待つことによって、発言者の子どもは、「あなたにも発言できるはずだ」という自分の可能性を信じてくれている教師の思いを暗黙の内に感じ取ります。そして、周囲の子どもたちも教師の待つ姿を見ることで、教師の子どもに対する思いを感じ、友達に対する見方や人の発言を聴く姿勢を学んでいきます。

授業の進行が気になると、教師は子どもの発言を先取りして話したり遮ったりしがちです。子どもの発言を待つには、その子の可能性を信じて我慢する気持ちが必要なのです。

リアクションをする

全体での話し合いの場面。普段あまり発言をする方ではない子どもが指名され、ぽつりぽつりと自分の考えを述べている。教師は不安そうな表情でその子どもを見つめ、周囲の子どもたちも神妙な面持ちで聴いている。途中で発言が途切れてしまい、重い空気の中、その子どもは発言できずに終わった。

「違ってもいい」が気持ちを楽にする

先述したような状況で、子どもたちは安心して発言できるでしょうか。もちろん、そのときに考えている課題や場面にもよりますが、いつもそのような状況では子どもたちは気楽に発言することはできないでしょう。なぜ、教室内が「重い空気」になるのでしょう。

それは、「正しいことを言わなければならない」という思いを暗黙の内に教師が抱かせているからです。「この子は、考えをしっかりと言えるかな」という教師の思いは、表情や目などに表れます。それを感じた子どもたちも、発言している子どもに「先生の要求に応えられるだろうか」と成り行きを見守るのです。そのような状況では、発言している子どもは、みんなに追い詰められている気持ちになることでしょう。

子どもたちを学び合わせるには、安心して自分の考えを表現できる場づくりが必要です。そのためには、教師が子どもたちに対して、「間違えてもいい」、「曖昧でもいい」、「途中までもいい」や「考えは変わるもの」という構えでいることが大切です。授業では、最終的に一人一人の子どもに学びが生まれ、それぞれが変容すればよいのです。子どもの授業中の発言は、その子が学んでいる途中段階の表現だと捉えることで、子どもの発言を聴く教師の気持ちにも余裕が生まれます。そして、その余裕は、子どもたちに伝わります。

また、発言者に対する「大丈夫だよ」という教師の思いは、そのまま言葉で伝えることもできますが、発言に対する反応（リアクション）によっても表現していきます。

余裕をもって、反応豊かに聴く

先の話し合いの場面で、教師がすべきことは、次のようなことでしょう。

・教師は、子どもの発言に対して「何を言っても大丈夫だよ」という表情で聴く。
・子どもの様子や発言の言葉に対して、合いの手の言葉を入れたりリアクションをしたりして、発言しやすい雰囲気をつくる。

発言が途切れた子どもの様子からまだ発言しようとする姿勢を感じた場合（九八ページ「待つ」参照）、「考えているねえ。あきらめないところがまたいいよね」と感心するように言うと、子どもの何とかして発言しようとする気持ちは高まります。そして、その子が何か一言発した直後に、「さあ、聞かせてほしい」という気持ちを込めて、「うん」と合いの手のように力強く言ってやることで、発言に勢いが付きます。

教師は、分析しながら子どもの発言を聞かなければなりませんが（九〇ページ「発言を分析する」参照）、余裕のある表情でゆっくりと頷きながら話を聞くようにします。教師の予想していた発言でなくても、子どもの考えには必ずその子なりの理由があります。それを分析し、共感しながら聴いてやるのです。教師の目は、必ずしも発言者だけに向けら

れる必要はありません。聞いている子どもたちにも目を配りながら（四〇ページ「聴き方を観察・評価する」参照）、頷いて聞いてやればよいのです。教師が真剣に話を聴いて頷く姿が視界に入っているだけで、発言する子どもの自信と安心感は増します。他にも「へえ」とつぶやいて感心する表情をしたり、興味があるように「それで」と身を乗り出してみたりと、教師が反応豊かに聴くことで発言を促すとともに、周囲の子どもたちに聴き方を学ばせることができます。

そして、大切なことは、子どもたちの発言に対して教師が分析したことをもとに、価値付けや意味付けをして学習に生かしていくことです。そうすることで、子どもたちは安心し、「発言してよかった」と感じるとともに、次の発言への意欲へとつなげていきます。

COLUMN

学級の学びの文化と教師の聴き方

授業とは「○○」のようなものである

授業観（「授業」とはいかなる営みであるのか。そこでは、なんのために、なにを、どのように学ぶのか。参加者はどのような権利をもっており、どのような役割を期待されており、どのように振る舞うべきなのか。といったことについての認識）の共有という観点から教師の「聴く」という動きの意味を考えてみたいと思います。

さて、あなたなら右の小見出しの「○○」にどのような言葉をあてはめるでしょうか。現職教員と大学生を対象に行われた調査（秋田、一九九六）では、「伝達の場」（テレビ、ラジオ、コピー）、「協同作成の場」（キャッチボール、オーケストラ）、「自己の学びの場」（鏡、旅）といった多様なイメージが報告されました。この研究では、教師についても同様に調査されました。「伝達の場」は「権力者」（岩、神、鬼）や「伝達者」（役者、ロボット）といった教師のイメージとつながりやすく、「協同作成の場」「自己の学びの場」は「支え手」（黒子、空気）、「導く者」（ガイド、指揮者）といった教師のイメージとつながりやすい傾向が示されました。

このような授業に対する認識はしばしば、個人の認識というだけでなく、その学級における学びの文化、授業への参加の仕方についてのルール、といったものとして子どもたちの間で暗黙に共有されているとも考えられます。例えば「学び合う雰囲気ができ上がっていない学級では、発言する子どもたちは教師に向かって話をする場合が多い」という指摘が本章にありました。もしかすると「授業は学び合いの場である」といった認識をもっているのは教師だけで、他の子どもたちは「問いを出すのは教師である」「あらゆる問いには正解があって、教師はその正解を知っている」「答えの正しさのみが教師に評価される」といった教師中心の授業観を共有しているかもしれません。だとすると、教師に向かって話をすることは、子どもたちにとっては授業への自然な（適切な）参加の仕方ですから、「教師が「全員の方を向いて話しなさい」と促したとしても、時間が経つと子どもたちの意識はまた教師に向いてしまう」のではないでしょうか。

教師の「聴く」動きが発する潜在的なメッセージ

教師と子どもたちの間で授業に対する認識が異なるとすれば、なぜそのような事態が生じるのでしょうか。本章に「教師がねらっている発言が出るまで「他にありますか」と指名を繰り返し、ねらっている発言が出ると「いい言葉に気付いたね」と板書をする」といった聴き方の例が示されていました。「授業では子どもたちが学び合うことが大切だ」と思っている教師であっても、その認識を授業の中でうまく実現できるとは限りません。特定の教材解釈にたどりつかせたいという思いが強すぎたり、授業時間のプレッシャーが強かったり、子どもたちが自分の想定と異なる発言をしてきたり、といったことで生じる様々な思考や感情の揺れ動きの中で、つい、教師がねらっている発言が出るまで指名を繰り返してしまうということもあるでしょう。ですが、子どもはこのような教師の反応の意味を自分なりに理解して「この学級における授業では、教師の求める正解を探すことが重要である。それ以外の考えを発言することには価値がない」といったメッセージを受けとってしまいます。子どもが自分の経験を解釈して学びとるわけですから、このようなメッセージは非常に強く伝わると考えられます。教師の聴き方が子どもたちとの間に授業観のズレを生みだす原因となっている可能性があるのです。

学び合いの文化を根付かせる

「授業は学び合いの場である」という認識を学級で共有していくためには、教師に支えられながら実際に他者と学び合う経験を積むことで、子どもたちが学び合うことの意味や価値を実感することが重要でしょう。例えば「自分が発表した考えが正しいと思っているときは、他の多くの人たちから反対意見を発表されても、すぐに考えを変えず、自分の考えにこだわる」ことは、互いの考え方の違いを真剣に検討することを通じて、自分の考えを見つめ直したり、多様な意見を統合した新しい考え方を模索したりするための契機となります。松尾・丸野（二〇〇八）の調査では、六年生になって、自分の考えにこだわることを大切だと思うようになった理由について「なんか昔はこだわったら、なんかめんどくさい、そんな感じやったけど、こだわるのが。だけど、このごろこだわってみんなが絡まるのが楽しくなるっていうか、そんなになったから」と述べた児童がいました。このように、教師を中心とした授業に慣れ親しんできた子どもたちにとっては、自分の意見にこだわることは、しばしば「めんどくさい」「不安」といった感情を引き起こしたり、教師から正解を教えてもらうことに比べて非効率的だと感じられたりするものです。ですから、学び合うことの意味や価値（先生の説明を聞くだけの場合よりも自分たちで考えた方がよくわかる、いろいろな考え方を知ることができて面白い、一人では考えつかなかったようなすごい発想が生まれる、他の人に説明をしようとすることで自分が何をどこまでわかっていたのかがわかる、自分が間違っていたときでも納得して別の考えを受け入れることできる、など）を実感しなければ、それを自分たちの学び方として受け入れることは難しいのではないでしょうか。だから、教師が「全員の方を向いて話しなさい」と言うだけでは、子どもの行動の変化は、その場かぎりのものになってしまうのではないでしょうか。

したがって、自分の授業観に即した振る舞いを子どもたちに要求すること以上に、授業の中でそのような動きが子どもから実際に生じたときに、それを授業の展開へと生かしていくことが教師に強く求められるのです。そのためには教師が子どもの発言を分析的に聴くことが不可欠となります。その上で、どのような授業への参加の仕方が、どのような学びの展開を生んだのか、ということを教師が明確に言語化して、日々の授業の中で子どもたちにフィードバックしていくなかで、学び合いの文化が学級に根付いていくのだと考えられます。

引用文献

秋田喜代美（一九九六）教える経験に伴う授業イメージの変容　教育心理学研究、四四（二）、一七六 - 一八六

松尾剛、丸野俊一（二〇〇八）主体的に考え、学び合う授業実践の体験を通して、子どもはグラウンド・ルールの意味についてどのような認識の変化を示すか　教育心理学研究、五六（一）、一〇四 - 一一五

V

「言葉」

目を見て語りかける

教師が学級の子どもたちに指示や話をする場面。ざわついている子どもたちを前に、教師が早口で、「はいはい、静かにい、静かにしなさあい。ええ、今から話をしまあす」と大きな声を出している。教師の声に静かになる気配のない子どもたち。教師は全員の子どもに届くように、さらに大きな声を張り上げた。

静かに耳を傾ける雰囲気をつくる

先述した例の学級の子どもたちは、一人一人が勝手におしゃべりをし、ざわついています。子どもたちが落ち着かない原因は様々考えられますが、その一つに教師の話し方があるのかもしれません。

例の中で、教師は同じ言葉を繰り返しながら、早口で話をしています。そのような教師の話す声が教室内に響くことによって、何か落ち着かない雰囲気を生み出している可能性があります。言葉は繰り返して何度も言った方が、相手に伝わりやすいと思っているのかもしれませんが、早口で何度も繰り返すよりも、同じ時間を使って、ゆっくりと一回で伝えた方が子どもたちの心に残るものです。また、その方が子どもたちの気持ちが落ち着き、聴くことの訓練にもなります。

例に出てくる子どもたちは、どうして教師の声に静かに耳を傾けないのでしょう。その要因の一つに、自分に言われている気がしていないということが考えられます。例の中で教師は宙に向かって声を出しています。おそらく、目は何となく全体を見たり教室の後方を見たりして話をしていると思われます。子どもたちには、教師が話しかけているのは誰かにであって、自分に言われているのだという実感がないのでしょう。甲高い子どもたちの声を上回るような大きな声は、教室内の「騒音」のような存在になりかねません。人の話に静かに耳を傾けられる雰囲気を教師がつくり出す必要があります。

全体に目を配りながら、ゆっくりと語りかける

先の指示や話をする場面の例で、教師がすべきことは、次のようなことでしょう。

・教師が教室内の子どもたちの全員と目を合わせながら話し始める。
・落ち着いた低い声で「今から、話をします」とだけ言う。

話をする際に、相手の目を見て話をすることは、伝えたい気持ちがあることを相手に伝えるとともに、相手の存在を大切にしているメッセージにもなります。教室で話をする場合は、全体を見渡しながら、一人一人の子どもの目をのぞき込むようにして話をします。

授業の中で全員の子どもたちと目を合わせながら授業を進める教師は、概してあまり多くないように思われます。目を合わせ、アイコンタクトをとることで、「自分のことを見てくれている」という安心感を一人一人の子どもに抱かせ、また「先生は、自分に話しかけている」という気持ちにもさせます。一時間の授業のなかで、一人一人の子どもたちと少なくとも三回は目を合わせたいものです。

子どもたちの目を見ることで、教師の声の出し方も変わってきます。これまでのように声を張り上げるのではなく、目を見た相手に語りかけるようにして声を出すようになりま

す。語りかけることで、言葉の語尾が下がり、自然と落ち着いた話し方になるでしょう。子どもたちの高い声の中では、低い声の方がかき消されずに子どもたちに届きやすくなります。そして、少し間を空けながら話すようにします。「昨日ですね、（間）……」「ここはね、（間）……」と間を空けることで、自然と子どもたちは「何だろう」と教師の話に耳を傾けるようになるでしょう。

一度だけしか言わないことも大切です。何度も言ってくれるのであれば、子どもたちはそのときに聴く必要がありません。最初は、教師が「一度だけ言いますよ」と言って話し始めるようにします。話したことについて子どもたちに問いかけ、一度で聴き取れていることを大いに称賛するようにします。

話し方で聴く構えにさせる

教師が全体に連絡をしている場面。「ええ、九月六日の金曜日のことでえ、ええ、午前一〇時から正午まで一、三、五年生でえ健康診断があるとお、ええ、昨日の会議で保健の先生から説明がありましたのでえ、ええ、体操服を持ってきてくださあい」と教師が連絡をした。すると、「えっ、いつですか」と子どもから質問が出された。

聞き手の頭に残る話し方を心がける

子どもの学ぶ意欲を喚起したり、話し方や聴き方を高めたりしようとするのであれば、まずは教師自身の話し方・聴き方を訓練していく必要があります。先述の例のような教師の話し方では、子どもたちはどこに集中して話を聴けばよいのかがわからなくなります。連絡後に子どもからすぐに質問が出されるのは当然でしょう。

話し言葉は、その場に残りません。そのため、教師は子どもたちに聴く構えをもたせ、内容を理解しながら聴けるように話をしてやる必要があります。

先の例の場合、教師はいきなり日時から話し始めています。この時点では、子どもたちは、教師が何について話しているのか、自分にどれだけ関係のあるのかがわからないまま、話を聴くことになります。話の途中で、健康診断についての話だとわかりますが、その後に「昨日の会議で」「保健の先生から」「体操服」などの不必要なものも含む情報が入ってきて、日時に関する情報がさらに子どもたちの記憶に残りにくくなります。

また、一人一人の教師には話し方の癖があります。先の例の教師の場合は、言葉の間に「ええ」と言ったり、「ことでえ」「くださあい」のように語尾を伸ばしたりする癖があるようです。これらのような癖は話の中で繰り返され、聞き手にとって耳に強く残りやすく、必要な情報を聴き取る際の妨げとなります。

教師は自分の癖を矯正し、聴き取りやすい話し方を自覚的に行っていく必要があります。

聞き手を聴く構えにさせる話し方をする

先の連絡の場面の例で、教師がすべきことは、次のようなことでしょう。

・「何についての話か」「誰への話か」「誰からの話か」「大切なことは何か」「いくつあるのか」等、全体のことや重要なことを先に話す。

・具体的なことは、主語で「……については」と先に告げ、その後の情報に集中させる。

・一文を短くし、一文で伝える内容はできるだけ一つの情報にする。

・大切な情報の前に間を入れたり、大切な情報の部分を強く言ったりする。

先の例の教師が話した内容を整理すると、次のようになります。

「健康診断について連絡します（必要ならば「保健の先生からの連絡です」を入れる）。日時は、九月六日の金曜日、午前一〇時から正午までです。対象は、一、三、五年生です（「奇数の学年です」と付け加えてもいい）。持ってくる物は、体操服です。忘れないようにしましょう。以上です。質問はありますか」（傍線部分を強く言う）

この場合、教師は最初に「健康診断について」の連絡であることを子どもたちに告げています。そうすることで、聞き手にも聴く構えができます。もし一部の子どもたちに必要

な情報の場合は、ここで「保健委員会の人たちに連絡です」などのように言うことで、必要のある人だけが集中して聴くことができます。

話の順序は、全体から部分的なものになるように構成し、主語に「日時は」「対象は」「持ってくる物は」と話すことで、次に話される情報に対する構えができます。具体的な情報も重要度の高いものから話すとよいでしょう。情報は、状況に応じて、必要なものを選択して伝えます。先の例では「昨日の会議」の情報は子どもたちに不必要なので伝えません。話の後で、どんな内容があったのかを子どもに問うのもいいですね。

聞き手にとって必要な情報は何か、どの順序で話すと頭に残りやすいかを日常的に考えながら教師が話をすることで、子どもの話の聴き方は大きく変わってきます。

挑発する

課題に対する自分の考えをノートにまとめさせる場面。教師が、「では、課題に対する自分の考えを書きましょう」と子どもたちに指示をした。子どもたちの中から「ええっ」という声が小さく聞こえる。ノートに考えを書き始める子どもが少しずつ増えていく。しかし、一部の子どもは、最初からあきらめているような様子も見える。ノートに書いていたある子どもが、「先生、どれくらい書くんですか」と質問をした。教師が「一ページです」と答えると、その子どもは面倒くさそうな表情をした。

子どもを意欲的にするために必要なこと

先述したような状況からは、子どもたちの意欲的に学習に取り組む様子はあまり見えません。その原因、理由については様々なものが考えられます。

一つは、子どもたちにとって考えてみたい「課題」になっているかという点です。課題そのものが子どもたちの切実な思いや疑問につながる魅力的なものでなかったり、教師の手立てによって課題意識が喚起されていなかったりしている可能性があります。

二つは、自分にもできそうだという自己効力感をもたせているかという点です。そのためにはまず、課題に取り組むための「足場」として、既有の知識を想起させたり、活動するためのヒントや方法を与えたりする必要があるでしょう。そして、表現させる前に考えを醸成するための「間」が必要です。一人で考える時間を与えたりペアで話し合わせたりすることで、表現したい内容が生まれてきます。

以上のような配慮がなされ、ようやく一人一人の子どもが課題に取り組む基盤ができます。そのうえで、子どもたちが思わず挑戦したくなるような言葉かけを教師が行うことで、子どもたちはさらに意欲的に取り組むようになります。

子どもを「挑発」して挑戦する気持ちをくすぐる

先の活動場面の例で、教師がすべきことは、次のようなことでしょう。

・ほどよい難度の課題を提示し、「今日の課題は少し難しいよ。できそうですか」と話す。

・活動するためのヒントや方法を与え、ペアで少し話をさせる。

・書き始める前に「目標は一ページです。そこまでできたら、すばらしい。根拠や理由が詳しく書けたら、さらにすごい。難しいときは先生が少し手伝いますから、安心してください」と話す。

・活動に取り組む子どもたちの様子を見ながら、「みんな集中して書いているなあ」「○○さんや□□さんは、もう一ページの半分まで書けたの、速いなあ」「すごい、理由が詳しく書けているねえ」などのように活動の邪魔にならない程度で、聞こえるように話す。

課題は、「がんばったらできそうだ」と期待させるような難度のものを提示します。そして、教師から笑顔で「これは難しい」、「上の学年レベルだ」、「できそうか」などのような言葉かけをされることで、子どもたちに挑戦したいという思いを喚起します。また、活

動に入る前に目標とすべきB評価だけでなく、A評価のゴールも示すことで、さらに挑戦させる気持ちをくすぐります。そして、活動中も子どもたちの活動中の様子を聞こえるように称賛することで、取り組んでいる子どもたちに「ぼくだって同じようにできる」、「私はもっと上を目指す」というような思いをもたせます。

しかし、「挑発」するばかりでは、子どもたちは活動することはできません。先述したように、「活動するためのヒントや方法を与え、ペアで少し話をさせ」たり、「難しいときは先生が少し手伝いますから、安心してくださいい」と声をかけたりして、子どもたちに安心感を与えて活動させることが大切です。

発言者へ問い返す

国語科の「ごんぎつね」を教材とした授業で、ごんの人物像について全体で話し合う場面。ある子どもが次のように発言をした。

「ぼくは、ごんは悪いきつねではないと思います。わけは、兵十の気持ちに共感しているし、後から兵十にお詫びをしているからです」

教師は、子ども自身の解釈を交えた、なかなかいい意見だと思い、「なるほど」と言って板書をした。

言葉の意味や理由などが共有できているか

先述した例の教師は、「子ども自身の解釈を交えた、なかなかいい意見だ」と納得して板書しています。この教師が「子ども自身の解釈」と考えたのは「共感」や「お詫び」という言葉でしょう。なぜ教師は納得することができたのでしょうか。それは、教師が事前に十分な教材分析を行っており、子どもが発言した根拠となる叙述や理由が推測できているからです。また、それ以前に「共感」や「お詫び」という言葉の意味について教師は知っています。しかし、他の子どもたちも教師と同じように納得しているのでしょうか。一人の子どもが発言したからといって、その発言内容を教室内の全ての子どもが共有したとは言い切れません。授業の主役は子どもたちであり、教師だけが納得しても意味がないのです。教師が納得をしても、周囲の子どもたちがわかっていなければ、教師は子どもたちに問い続ける必要があります。そもそも発言した子ども本人も、発言した内容や言葉、その理由について自覚的に使ったのかどうかもわかりません。言葉は思考の一部です。子どもが自分の考えを説明している内に、直感的に言葉を使っている場合も少なくありません。

言葉の意味や理由などについて共有するために、明示してやる必要があります。

発言者へ問い返し、言葉の意味や理由などを自覚させる

先の話し合いの場面で、教師がすべきことは、次のようなことでしょう。

・子どもの発言を分析しながら聴き（九〇ページ「発言を分析する」参照）、発言者本人に対して、次のように問い返す。

（ア）「それはどういう意味なのですか」（言葉の意味）

（イ）「今、なぜ……と言ったのですか」（言葉の理由・前提となる考え）

（ウ）「どこに着目したのですか」

「どのようにして考えたのですか」（考えを生み出した視点や方法）

発言した言葉の意味や理由などについて教師が発言者本人に問い返すことで、発言者本人に自覚されるとともに、説明されることを通して、全体で言葉の意味や理由などについて共有することができます。

（ア）「それはどういう意味なのですか」（言葉の意味）

子どもが自分の考えについてテキストの言葉ではなく、自分のもっている言葉で説明した場合、言葉の意味について改めて考え直すことなく、直感的に説明の文脈に当てはめて

言葉を使っている可能性があります。周囲の子どもたちの中には、突然出てきた言葉の意味がわからない子どももいるでしょう。そうした場面では、言葉の意味について教師が問い返すようにします。

先の例の場合では、「『共感』とはどういう意味なのですか」、「さっき、『お詫び』と言っていたけど、それはどういう意味で使ったの」のようになるでしょう。そうすることで、発言した言葉の辞書的な意味や物語の文脈の中での意味について本人が自覚したり、全体で共有したりできるきっかけとなります。

（イ）「今、なぜ……と言ったのですか」（言葉の理由・前提となる考え）

子どもたちは、自分がそのように考えるようになった前提となる事柄を意識せずに話をする場合があります。聞き手の立場に立つことができないために、自分の考えの前提となっていることは当然他の人たちと共有されていると疑わないのです。そうした場面で教師は、その子どもがそのような表現をする理由は何か、何を前提としてしているのかを分析し、他の子どもたちにも理解できているのかを考えるようにします。そして、共有できていない場合には、発言した子どもに、そのように表現した理由や前提となる事柄などを問い返すようにします。

先の例の場合では、「さっき、なぜ『共感』って言ったの」「『お詫び』と言ったのは、どうして」のようになるでしょう。そのように問われることで、発言した子どもは、前提となっている「兵十がごんと同じようにひとりぼっちになったこと」や「ごんが兵十にしたいたずらに対して後悔していること」を改めて意識して説明をすることになります。そして、周囲の子どもたちにとっても、発言した子どもが、なぜそのような表現をしたのかを確認し、共有することができるのです。

（ウ）「どこに着目したのですか」「どのようにして考えたのですか」（考えを生み出した視点や方法）

子どもたちは、自分が考えた結論や理由を発言します。しかし、どのようにしてそのような結論に至ったのか、その方法について意識されていることは、あまりないようです。

周囲の子どもたちにとっても、その子どもの発言の内容には納得はしても、どのようにすれば、そのように考えることができるのかは、わからないままになってしまいます。そこで、教師が発言した子どもに、どのようにして考えたのかについて問い返します。

そして、どのような視点で根拠となる情報を探したのか、その情報をどのように処理して考えたのか（比較、分類、類推等）を説明させることで、発言した子どもに改めて自覚させるようにします。

先の例の場合では、「ごんが兵十の気持ちに共感したって、どの叙述から考えたのですか」「ごんが兵十にお詫びしたいと考えたのは、どの言葉からですか」のようにして、根拠となった叙述を尋ねます。状況によって、「あなたは最初のごんの設定部分とつなげて考えたんだね」のように教師がその視点や方法を意味付けしてやることも必要です。

次の学びに生きるように、考えをつくる視点と方法を学び合わせることが重要です。

全体へ問いかける

国語科の「大造じいさんとガン」を教材とした授業で、物語から受け取ったメッセージについて全体で話し合う場面。「自然との共存」と考えた友達に対し、ある子どもが、「私は、『自然との共存』ではないと思います。大造じいさんと残雪は仲良くなってはいません。私は、二人の姿から『自分が正しいと思ったことをする』だと思います」と発言をした。

教師は、物語の本質を捉えた、なかなかいい意見だと思い、発言した子どもにその理由を説明させた。

全体を巻き込んで考えさせる

先述した例の教師は、「物語の本質を捉えた、なかなかいい意見だ」と思い、発言した子ども本人に説明をさせています。授業をしていると、質の高い発言をする子どもが、学級の中に何人かは出てきます。その子どもに詳しく説明をさせて、周囲の子どもたちにも理解をさせようとすることがあります。確かにそれもよい方法かもしれません。

しかし、その説明を聞いただけで果たして全員の子どもが高いレベルの理解をすることができるでしょうか。自分とは全く違う視点や方法で考えた友達の説明を聞いて、すぐに理解をすることはそれほど容易なことではないでしょう。発言した子どもが全員に理解できるように十分な説明ができるとは限りませんし、周囲の子どもたちも全員が理解しようと集中して聞いている状態ではないかもしれません。

授業では、全体を巻き込んで考えさせていくことが大切です。発言した本人が自分の考えを説明するのでは、その子どもだけの考えで終わってしまう可能性があります。そこで、発言した子どもの立場に立つように全員に問いかけ、考えさせます。そうすることで、他者の視点や方法を自分の中に取り込ませ、理解させていくのです。

全員に問いかけ、他者の視点を取得させる

先の話し合いの場面で、教師がすべきことは、次のようなことでしょう。

・子どもの発言を分析しながら聴き（九〇ページ「発言を分析する」参照）、全員に対して、次のように問い返す。

（ア）「〇〇さんの言っている意味はわかりますか」

「〇〇さんは、どういうことを言っているのですか」（考えの内容）

（イ）「なぜ、〇〇さんは……と言ったと思いますか」（考えの理由・前提となる考え）

（ウ）「〇〇さんは、どこに着目したと思いますか」

「〇〇さんは、どのようにして考えたと思いますか」（考えを生み出した視点や方法）

発言された質の高い考えの内容や理由などについて教師が全員に問い返し、説明させることで、他者の視点を取得して考え直したり、自分との違いを理解させたりすることができます。また、妥当ではない考えに対しても、全員が共感的な立場で、理由などを推測し、自分たちとは違う点について説明するようにさせます。そのような他者の考えを推測して

話し合う活動が、教室内に学び合う雰囲気を生み出します。

しかし、自分とは違う視点から考えることは容易なことではなく、全員の子どもがすぐにできるわけではありません。先に短時間でペアやグループで話し合わせるなど、全員が考えをつくるのに必要な時間を与えてやることが大切でしょう。

（ア）「○○さんの言っている意味はわかりますか」
「○○さんは、どういうことを言っているのですか」
（考えの内容）

発言された内容が高度だったり、妥当ではなかったりした場合、全員の子どもが考えの内容をすぐに理解できないことがあります。そうした場面では、友達が発言した内容について自分の言葉に置き換えて説明することを求めます。そうすることで、子どもたちは発言した友達の視点から考えの内容について理解しなければならず、「こういうことだと思うんだけど」と、ペアやグループで真剣に話し合うことでしょう。

先の例の場合では、「『大造じいさんと残雪は仲良くなっていない』という、○○さんの言っている意味はわかりますか」、「さっき、『自分が正しいと思ったことをする』と言っていたけど、○○さんはどういうことを言っているのですか」のようになるでしょう。そうすることで、友達が発言した言葉と本文の内容とを照応しながら、自分の言葉でどのように説明をするのかについて考えることになります。

（イ）「なぜ、○○さんは……と言ったと思いますか」（考えの理由・前提となる考え）

発言者の考えが生み出された根拠や理由、前提となった考えなどが明らかになっていない場合に周囲の子どもたちに推測させたり、一度聞いただけでは理解が難しい場合に自分の言葉に置き換えて説明させたりします。

先の例の場合では、「さっき、なぜ○○さんは『大造じいさんと残雪は仲良くなっていない』と言ったと思いますか」「○○さんが、二人の姿から『自分が正しいと思ったことをする』と考えたのは、どうしてかな」のようになるでしょう。そのように問われることで、周囲の子どもたちは、発言者の言葉から物語を見つめ直し、これまで気付かなかった「大造じいさんと残雪の互いに対する見方の変化」や「大造じいさんと残雪の姿を比較して見えてくるもの」などについて着目し直すことになります。

（ウ）「〇〇さんは、どのようにして考えたと思いますか」（考えを生み出した視点や方法）

「〇〇さんは、どこに着目したと思いますか」

（イ）よりも根拠の探し方や思考の方法に焦点化した問いかけになります。発言者がどのような視点で根拠となる情報を探したのか、その情報をどのように処理して考えたのか（比較、分類、類推等）について推測させます。

先の例の場合では、『大造じいさんと残雪は仲良くなっていない』と言った〇〇さんは、どの叙述から考えたと思いますか」「〇〇さんが、大造じいさんと残雪の姿から、どうして『自分が正しいと思ったことをする』と考えたと思いますか」のようにして、根拠となった叙述や考え方を尋ねます。

意味付ける

説明的文章「すがたをかえる大豆」（光村図書三年下）を教材とした授業で、筆者は大豆の姿の変え方についていくつ書いているのかについて全体で話し合う場面。

「なっとう」と「みそ」を別々の変え方だと考えたA男に対し、B子が、「私は、『なっとう』と『みそ』は、……えっと、……同じだと思います。他と同じで、段落の最初に『目に見えない小さな生物の力をかりて、ちがう食品にするくふうもあります』と書いてあるからです」と発言をした。

教師は、発言に対し、「よく見つけたね」と言って、その子どもの意見を板書した。

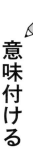

子どもに考えた内容や方法を自覚させる

先述した例の教師は、「よく見つけたね」とだけ言って、Ｂ子の意見を板書しています。それでは、Ｂ子が言葉を見つけたことが偶然のように聞こえるだけでなく、周囲の子どもたちにとっても、どのようにすればキーワードとなる言葉が見つけられるのかがわからないままになってしまいます。

また、Ｂ子が「同じだと思います」と発言するのに、少し時間がかかっています。おそらく伝えようとしている内容に最も適した言葉を模索していたのだと考えられます。しかし、Ｂ子が見いだした「同じ」という表現では周囲の子どもたちに十分に伝わりません。その後の「他と同じで」という表現も同様です。

子どもたちは、考えている内容を説明する際に、適切ではない言葉を選択する場合があります。また、考えの理由や考えた方法についても、あまり自覚できていなかったり、うまく表現できていなかったりします。そのように、子どもの力では適切な言葉を見いだしたり方法を意識したりしにくい場合、教師が子どもの発言内容に言葉を与え、見方や考え方について言語化することで自覚させ、全体で共有させることができます。

子どもが考えた内容や方法を教師が言語化する

先の話し合いの場面で、教師がすべきことは、次のようなことでしょう。

・子どもの発言を分析しながら聴き（九〇ページ「発言を分析する」参照）、発言に対して、次のように問い返したり付け加えたりして、全体に明示する。

（ア）「……ということかな」

「そんなときは、……と言うといいね」（伝えている内容に適した言葉の付与）

（イ）「〇〇さんは……して考えたんだね」（根拠や理由・考え方の解説）

（ウ）「みんなの意見は、……にできそうだね」（複数の意見の分類・整理）

発達段階による困難や学習経験の不足などから、子どもたち（特に語彙の少ない低学年など）は、直感的に考え、自分の考えを的確に表現できなかったり、どのように考えたのかを意識できず、うまく説明できなかったりする場合があります。そのようなときには、いくら待っていても子どもたちからは適切な表現が出されることはないでしょう。そこで教師が機を逃さずに、言葉を教えたり、見方や考え方を解説したりしてやるようにします。自分たちがうまく言葉にできないところに、教師から的確な言葉や明解な説明が与えられ

ることで、子どもたちは自身の学びの深まりを実感することでしょう。

しかし、子どもの発言を教師が求めている言葉に強引につなげようとしないように注意する必要があります。

(ア)「……ということかな」「そんなときは、……と言うといいね」(伝えている内容に適した言葉の付与)

子どもが伝えようとしている考えの内容に適していない表現をしたり、何と表現してよいのか迷っていたりする場面で、教師が伝えようとしている内容を発言者に確認し、的確な言葉を教えます。そうすることで、発言の内容が明確になるとともに、子どもたちに新たな語彙も獲得させることができます。

先の例の場合では、「さっき、『なっとう』と『みそ』

が同じだと言っていましたね。ナットウキンの力をかりた『なっとう』とコウジカビの力をかりた『みそ』は違うけれど、大豆のすがたの変え方としては、同じ仲間になるということをB子さんは言いたいんだね」、「B子さんが『他と同じで』と言っていたけど、他の段落でも同じように最初の文に書いてあるということを言いたいのかな」のようになるでしょう。

（イ）「〇〇さんは……して考えたんだね」（根拠や理由・考え方の解説）

発言した子どもが自身の考えが生み出された根拠や理由、考え方などについて意識できていなかったり説明できなかったりする場面で、周囲の子どもたちにも考えさせることが難しい場合、教師が発言者に確認するようにしながら説明をします。

先の例の場合では、「B子さんは、他の段落と比べて考えたんだね」、「共通している『くふう』という一文目の言葉に、B子さんは着目しているね」のようになるでしょう。そのように説明されることで、B子自身が考え方を自覚できるとともに、周囲の子どもたちにとっても、段落を比較することや、共通して繰り返される言葉からキーワードを見つけるなどの方法を共有することができます。

（ウ）「みんなの意見は、……にできそうだね」（複数の意見の分類・整理）

話し合いの中では、子どもたちの意見は、往々にしてばらばらに出されます。子どもたちだけの力では、それらの意見の共通点や相違点を見いだすことはなかなかできません。そこで、状況に応じて、個人に対してだけでなく、複数の子どもの発言を共通点や相違点から分類・整理して示してやるようにします。そうすることで、それぞれの子どもが自分の考えが全体の考えのどこに位置付くのかを自覚することができます。教師は必ずしも分類・整理したグループに名前を付ける必要はありません。子どもたちに名前を付けさせることで、グループ内で共通した部分やグループによる違いに気付くようになります。

先の例の場合では、「A男さんのように考えた人たちとB子さんのように考えた人たちに分けられますね」のように、一度全体で考えを整理します。そうすることで、子どもたちは、自分の考えの立場やそれぞれの考え方の違いについて考え始めるでしょう。全員がグループの考え方の違いについて理解した後で、「筆者の考えに近いのはどちらですか」のように問うようにします。

価値付ける

「ちいちゃんのかげおくり」（光村図書三年下）を教材とした授業で、「ちいちゃん」にとって一番つらい場面はどこかについて全体で話し合う場面。ある子どもが、「三の場面だと思います。確かにみんなが言うように、お母ちゃんとはぐれた二の場面もつらいけど、三の場面は時間が経ってもっと不安になっていると思います。ぼくも前にスーパーで迷子になったとき、ずっと見つからなくて同じ気持ちになって……。『きっと帰ってくるよ』は、自分で自分を励ましているみたいな感じだと思います」と発言をした。教師は、発言に対し、「なるほどね。」と感心して、その子どもの意見を板書した。

子どもの発言の中にある価値を見いだす

先述した例の教師は、「なるほどね」と自分だけが感心をして、子どもの意見を板書しています。子どもの発言に説得力を感じているようですが、なぜそのように納得させられるのかについて、その子どもの発言を分析的に聴けているようではないようです。教師がそのようでは、その子どもができたことを全体の子どもたちのものにしてやることはできません。授業では、一人一人の子どもたちの見方や考え方、学び方が変革されることが大切です。そのために、教師はその子どもの発言にどのような価値があるのかを分析し、その価値を取り出して言語化して明示してやる必要があります。

授業中の子どもたちの発言には、学習に対する姿勢や考え方、その子なりの表現の仕方など全体で共有すべき価値ある内容が重層的に表現されます。それらの価値を教師が聞き逃さずに、その場で子どもたちに返してやることが大切です。

どのような視点で価値を見いだすのかについては、①子ども同士の比較によって容易に見えるレベル、②課題解決のための見方や考え方、学び方から見たレベル、③将来的な子どものキャリア形成から見たレベル、などがあるでしょう。

子どもに見えていない価値を言語化して明示する

先の話し合いの場面で、教師がすべきことは、次のようなことでしょう。

・子どもの発言を分析しながら聴き（九〇ページ「発言を分析する」参照）、発言に対して、次のように称賛し、全体に明示する。

（ア）「……という表現がいいね」（表現のよさ）

（イ）「……という見方、考え方ができているのがいいね」（見方や考え方のよさ）

（ウ）「……という学び方がいいね」（学び方のよさ）

（エ）「〇〇さんのお陰で、みんなで……について考えることができたね」（授業展開における発言の役割や効果）

子どもたちは友達の発言を聞いて、その伝えようとする内容ばかりに集中しがちです。もちろん内容も大切ですが、表現の仕方や見方、考え方、学び方など、なかなか子どもたちでは見いだせない価値があります。それらのような価値を教師が言語化し、明示してやることで、子どもたちにとっての学習に対する規範的基準となっていきます。

（ア）「……という表現がいいね」（表現のよさ）

子どもが伝えようとしている考えの内容に対して、的確であったり、独特だったりする表現をした場合に、その表現を取り出して、よさを説明します。

先の例の場合では、「さっき、○○さんは、『時間が経ってもっと不安になっている』と、ちいちゃんのつらさを『不安』という自分の言葉に置き換えて表現していたのが、いいですね」「○○さんは、『きっと帰ってくるよ』について、ちいちゃんが『自分で自分を励ましている』って言っていましたね。『自分で自分を励ます』って表現できるところが、ちいちゃんの気持ちになってすごく深く読めている証拠ですね」のようになるでしょう。このような価値付けを繰り返すことによって、子どもたちは考えを表現する言葉を強く意識するようになります。

（イ）「……という見方、考え方ができているのがいいね」（見方や考え方のよさ）

子どもの考えの内容ではなく、考えをつくるために着目した根拠や考え方（比較、分類、類推等）を取り出して、よさを説明します。

先の例の場合では、「自分がスーパーで迷子になった経験を基に、ちいちゃんの気持ちを想像しているところがすばらしいね。○○さんのように自分の経験とつなげて考えてみると、よりはっきりと人物の気持ちが見えてくることがありますね」のようになるでしょう。そのように説明することで、発言した子ども自身も自身の考え方のよさを自覚できるとともに、周囲の子どもたちにとっても、経験から類推して読む方法を共有することができます。

（ウ）「……という学び方がいいね」（学び方のよさ）

学習や話し合いなどに対する姿勢に関するよさを取り出して説明します。話し合っている内容とは直接関わらない視点のため、子どもたちの思考の流れを邪魔しないように、タイミングを逃さずに説明することが大切です。

先の例の場合では、「ちょっとストップ。今、○○さんは『確かにみんなが言うように、お母ちゃんとはぐれた二の場面もつらいけど』と言ったね。まずは他の人が言っている意見を受け入れて、自分の意見を言っていたね。すばらしいね。そうやって話し合うと、お互いの考えの違いが見えやすくなるね」のように簡潔に述べて本題に戻るようにします。

（エ）「〇〇さんのお陰で、みんなで……について考えることができたね」（授業展開における発言の役割や効果）

授業を全体で振り返る場面で、話し合いのポイントとなった子どもの発言を取り上げて、その果たした役割や全体に与えた効果について説明します。

先の例の場合では、「みんなが二の場面でのちいちゃんが二人とはぐれてしまったつらさについて発言していた場面で、〇〇さんが自分の経験から三場面のちいちゃんの不安について発言してくれたお陰で、ちいちゃんの不安がだんだんと高まっていることがわかったね」のようになるでしょう。価値付けされた子どもは発言したことへの満足感をもつとともに、次の学びへの意欲を高めていくことでしょう。

方向付ける

「ごんぎつね」を教材とした授業で、悲劇的な結末は「ごん」にとって、「これでいい」と思えるものかについて全体で話し合う場面。学級全体が、「これでいいと思っている」と「よくないと思っている」の二つの立場に分かれて考えを述べ合っている。A子が「これでいいと思っている。兵十に気付いてもらったから」と述べると、B男も「同じで、兵十やみんなにわかってもらえたからこれでいい」と発言した。C男やD子は「よくないと思っている。だって、撃たれて死んでしまったから」と述べた。

　教師は、それぞれの理由を「兵十にわかってもらえた」「撃たれて死んでしまった」と板書した。その後も似たような発言が続き、新たな考えが出されることはなかった。

視点を転換させて考えを広げ深めさせる

先述した例の教師は、教材分析は十分に行っていたかもしれませんが、実際の授業場面でどのように話し合いを深まらせていくのかまでは考えていなかったようです。課題に対して子どもたちは、積極的に自分の考えを発言しています。しかし、例のように二者択一で話し合っていくような場合、結論に目が向けられるために、子どもたちは自分が選択した立場の理由を説明することに集中し、新たな視点から自分の考えを広げたり深めたりしようとはなかなかできません。大切なのは、より多くの視点から考えさせることです。

その視点の転換をさせるのが教師の役目になります。子どもたちの発言の分析がうまくできないと、意見の違いや発言の中に表現される価値が見いだせないために、子どもたちに新たな方向性で考えさせることができず、意見の出し合いに終わらせてしまう可能性があります。または、違う視点から考えさせようとして、それまで子どもたちが話し合っていた文脈とは全く関わりのない情報を強引に提示してしまうこともあるでしょう。

子どもたちの思考の流れに沿いながら、子どもたちの考えを見直させるような新たな視点を与えるようにすることが大切です。

着目すべき点に気付いている子どもがいるかを分析してはたらきかける

先の話し合いの場面で、教師がすべきことは、次のようなことでしょう。

・子どもの発言を分析しながら聴き（九〇ページ「発言を分析する」参照）、発言に対して、次のように問いかけたり促したりする。

（ア）「さっき、○○さんが言っていたことについて、みんなはどう思いますか」

（イ）「……という点から考えていくといいですね」

子どもたちの視点を転換させるには、まず何よりも教材研究が重要です。最終的に教材のどのような点に着目して考えさせるのか、子どもたちの実態から授業ではどのように課題を解決すると考えられるのか、そこで、どのような手立てで子どもたちの視点の転換を図るのかなどについて構想しておく必要があります。そして、実際の授業の中では、子どもたちの発言から着目すべき点に気付いている子どもはいるかを分析的に聴きながら、どのように方向付けていくのかを判断してきます。

（ア）「さっき、○○さんが言っていたことについて、みんなはどう思いますか」

話し合いを進展させる糸口となる（考え方の方向性がよい、さらに深い考えをもっている、本質を突く疑問をもっているなど）をもっている子どもがいる場合に、できるだけ話し合いの流れを遮らずに全体に問いかけるようにします。

先の例の場合では、「さっき、B男さんは、『兵十やみんなにわかってもらえた』と言っていました。ごんの存在を知った人は兵十だけではないと言っています。『みんな』とは誰のことですか。兵十の他にもごんのことを知っている人がいるのですか」のようになるでしょう。このように問うことによって、子どもたちは「ごん」が死んだ後も多くの村人によって「ごん」が語り継がれる存在になったことに気付くことでしょう。そのように視点を転換させて、最終的に「ごん」が、この物語の結末に満足しているかどうかについて考えさせるようにします。

(イ)「……という点から考えていくといいですね」

子どもたちの発言を聴きながら、不充分だったり不足していたりする点について分析し、教師から子どもたちに必要な新たな視点を提示します。その際、子どもたちの話し合いの流れと関わらせ、強引に提示することがないように注意します。

先の例の場合では、「『これでいいと思っている』と思う人たちは、ひとりぼっちだったごんが『兵十にわかってもらえた』ことが何よりうれしいと思っていて、『よくないと思っている』と思う人たちは、兵十にわかってもらっても『撃たれて死んでしまった』ことにごんは納得できないのではないかと思っているようですね。では、ごんのことをわかってくれた人が兵十一人ではないとすると、どうかな。物語の一文目を見てごらん」のようになるでしょうか。このように投げかけることで、子どもたちの中の考えが揺さぶられるとともに、物語の一文目から「ごん」が長い間村で語り継がれる存在になったことに気付き、最終的な自分の考えを見直します。子どもたちは学習を振り返ることで、自分の中で強化、付加・修正された考えに気付き、次の学びへの意欲を高めることでしょう。

COLUMN

子どもを育む教師の言葉

知識の深い学びと教師の役割

知識を深く学ぶためには、①自分の知識や経験と関連付けること、②知識を体系的に統合すること、③結論を丸暗記するのではなく、なぜそうなるのか、といった理由や原則を探求すること、④知識が創造される過程でなされる議論を批判的に吟味すること、⑤自分の学習過程や理解状況を振り返り、必要に応じて調整しながら学習を進めること、などが重要です（Sawyer, 2005）。しかし、多くの子どもにとって独力でこのような思考をすることは困難でしょう。そこで子どもの思考を支える教師の役割が重要となるのです。

心理学者のヴィゴツキーは「発達の最近接領域」という考え方を提唱しました（Vygotsky, 1935）。この理論では、子どもの発達の水準が二つの視点から理解されます。一つは子どもが独力で何をどこまでできるかという視点です。もう一つは、より有能な他者と協同する中で子どもが何をどこまでできるかという視点です。他者が子どもの潜在的な能力を引き出し、それを拡張するように関わるときには、後者の発達水準が前者の発達水準を上回ることになります。こうして生じる二つの発達水準間の範囲を発達の最近接領域と呼びます。ヴィゴツキーの発達理論の重要な点は、他者との協同という社会的な営みが個人の発達に先行すると想定していることです。すなわち、発達の最近接領域は、これから、まさに生まれつつある子どもの潜在的な発達の可能性を示しており、そのような領域を生成することが教師の重要な役割だと言えるでしょう。

授業の中で協同的に実現する思考

教師との協同を通じて子どもたちの多様な思考が実現している例として、私が参観したある学級で行われたやりとりを示したいと思います。これは「お手紙」（アーノルド＝ローベル作）という教材で、登場人物のがまくんがお手紙の内容を知って「ああ」と言うのですが、その部分の音読の仕方について子どもたちが考えている場面でのやりとりです。

児童A：あの、ため息、１の場面のDちゃんが言ったように、ため息をつけるように、あの、言った、言ったらいいと思います。
教　師：ため息をつくようなね。あの1の場面のときのね。「ああ。いちども。」のところね。
児童B：この前は、「ああ」って、1の場面のときに、そこは悲しい場面だったから、息を吐くようにってDちゃんは言ったけど、今は嬉しくて、お手紙をもらう、あの、書いたんだよって、ぼくがお手紙だしたんだものって聞いて、嬉しい気持ちだから。この前のDちゃんのは、悲しい、「ああ。いちども。」のところだけで、今は嬉しいから、ため息はあんまりつかないんじゃないですか？
児童A：うーんと……ため息をつくように、明るく元気に読んだらいいと思います。
教　師：じゃあ、Aくんが言っているため息は、
児童C：悲しいため息の方じゃない。
教　師：ああ……のほうじゃなくって、嬉しいって気持ちを伝えたいのかな？
（児童Aがうなずく）
（白土教子先生の授業実践より）

最初に教師は児童Aの発言を聴き、「ため息」と「1の場面とつなげながら読んでいる」というところにポイントを見出したのでしょう。次の教師の発言では、その二点を繰り返しながら、全体に向けて確認をしています。そのことで、他の子どもたちは「1の場面と比べながら読む」という児童Aの読み方を共有し、自分たちも同じ読み方をします。ですから、「同じような言葉だけど、そのときの登場人物の気持ちが違うのだから、音読の仕方も変わるはずだ」といった気付きをもつ子どもが出てくるわけです。この児童Bの発言に対して、教師は発言をせずに児童Aの応答を待ち、児童Aが「明るく元気に」という表現を加えて、自分の考えをより明確に伝えようとするという展開を引き出しています。このタイミングで教師は、さらに学級全体に向けて児童Aの気持ちを推測するように求めます。すると、別の児童がこのやりとりに参加し、ため息は「悲しいときだけにつくものではない」という視点を加えます。教師はこれらの発言をまとめ、「嬉しいって気持ち」というように登場人物の視点に立った言葉に置き換えるのですが、一方的にその解釈を伝えるのではなく、教師の解釈が正しいかどうかを児童Aに確認しています。このようにして、児童Aの考え方が学級で共有され、その後も別の児童が「嬉しすぎて声が出ない」といった考え方などを付加させるといった展開が見られました。冒頭で述べたような、他の授業との関連付け、何をどのように読んだのかという考え方の共有、他者の考えについての批判的な吟味、自分の理解や説明の振り返りといった思考が教師との協同の中で実現していたと言えるのではないでしょうか。そしてこのようなやりとりに参加する中で、子どもたちは授業における学び方、話の聴き方、文章の読み方、など様々な思考の仕方を獲得しているのではないでしょうか。

ファシリテーターとしての教師の「言葉」

このやりとりでは、教師が子どもたちに対して自分の解釈や知識を説明したり、子どもの考えを評価したりする「言葉」はほとんど見られません。では、教師は何をしていたのでしょうか。例えば「ため息をつくようなね。あの1の場面のときのね」というように、子どもの発言の言い換えと確認を含む発言がしばしば見られます。このような教師の関わりはリヴォイシングと呼ばれます（O'Connor & Michaels, 1996）。子どもの発言を分析して重要な点を聴きとり、このように応答することで、①「他の場面と関連付けて読む」という児童Aの読み方を全員に共有する、②発言した児童が自分の考えを振り返る、③他の児童が、正解か不正解かという視点ではなく、児童Aが何を言いたいのかを理解する、という意識で話を聴く、④表面的には間違っていると感じられる発言でも、その背景にはその人なりの考え方があるということを理解し、相手の考えをしっかりと聴くことの価値を学ぶ、⑤授業における学びを展開させる上で、自分の考えを明確に伝えることの大切さを学ぶ、といった多様な学びが実現している可能性が考えられます。もちろん、子どもの発言を全て言い換えたり、確認したりすると、授業のテンポも悪くなりますし、逆に発言のポイントがわかりにくくなってしまうこともあります。また、子どもの発言を教師が引き出したい言葉に置き換えて、表面的には確認の形をとりながらも、実際には子どもに教師の考えを押し付けてしまっているという可能性にも配慮をしなければならないでしょう。

リヴォイシングに限らず、本章で述べられていた教師の「言葉」(「発言者へ問い返す」「全体へ問いかける」「意味付ける」「価値付ける」「方向付ける」など)は、子どもたちがより高い水準の課題解決に主体的に挑戦するための「足場づくり」(Wood, Bruner, & Ross, 1976)です。子どもは教師が築いた足場に支えられて思考し、その足場は子どもの発達に応じて少しずつ外されていきます。その代わりに、もっと高い水準の挑戦に必要な新しい足場が提供されるのです。

このような教師の言葉を生み出しているのは、前章で述べられていたような教師の「聴き方」だと考えられます。そして、その聴き方は、各教科や教材の特質、学級の子どもたちについての深い理解を前提として成立しているのだと考えられます。「この子の発言のここにはこんなよさがあるな……」「この子がこんなふうに発言しているのは、きっとこんなふうに考えたからだろう……」「今、この子にはこのくらいの援助が必要だろう。そうすれば、きっと、ここまで自分で考えることができるんじゃないかな……」というように、多様な知識をその時々の授業の状況に合わせながら柔軟に活用し、子どもたちの動きに応じていくことが、ファシリテーターとしての教師に求められるのです。

引用文献

Sawyer, R. K. (Ed.). (2005). *The Cambridge handbook of the learning sciences*. Cambridge University Press.

Vygotsky, L. S. (1935) 土井捷三、神谷栄司訳（二〇〇三）「発達の最近接領域」の理論―教授・学習過程における子どもの発達― 三学出版

O'Connor, M. C., & Michaels, S. (1996). Shifting participant frameworks: Orchestrating thinking practices in group discussion. *Discourse, learning, and schooling*, 63-103.

Wood, D., Bruner, J. S., & Ross, G. (1976). The role of tutoring in problem solving. *Journal of child psychology and psychiatry*, 17(2), 89-100.

Ⅵ

対談②

子どもたちの「学びに向かう力」を支える教師の「観」

その場の子どもとの関わりの中で、教師の動きは変化する

立石　本書では、「見る」、「指名する」、「聴く」、そして教師が話す「言葉」の大きく四つの章に分けて構成しています。

まず、状況を理解するために教師は見なくてはいけない。

そして、子どもたちに無理なく考えを表出させる指名を行う。この指名は、学習内容とは全く関係のない教師の技術的なものです。しかし、学習への参加という点から、教室の中で「学習観」を子どもたちと共有する重要なものだと考えます。

その後、発言した言葉を聴くことで、その表現の分析からその子の思考についてきた理解する。

そして、それに対して教師が言葉で働きかけをしていくという、だんだん子ども側に行って教師に戻ってくるようなイメージの順序です。

松尾　それぞれの章は「見る」「指名する」と分けられていますが、互いに関連しているという印象をもちました。

立石　部分、部分では、重なっているんです。

松尾　章と章の関係でおもしろいのは、例えば「子どもの言葉を確認して言い換える」といった教師の関わりは、ある部分では控えるべき行為として書かれているけれども、ある部分では教師に期待される行為として書かれている、といった点です。それは、立石先生がぶれているということではなくて、その時々の子どもの状況、学級の状況、教師のねらい、授業の展開といった様々な要素が背景となって、教師の関わりの意味や働きが生まれてくるからだと思います。

「対談①」の中でも話題になりましたが、授業という営みは、個人の思考、個人間の相互作用、学級の文化的な側面、といった異なる水準の多様なできごとが、複雑に、ダイナミックに関連しながら成立しているると思います。教師の動きによって、子どもの思考が変わり、同時に子どもたちの授業に対する考え方が変わる。そうすると、同じ教師の動きであっても子どもにとっての意味が変わる。その教師の動きによって引き出される子どもたちの思考もまた変わってくる……といった感じで。こんなふうに、常に関連しながら、変化し続けているのではないでしょうか。

だから、その時々の授業の文脈を無視して、教師の動きだけを取り出して、こうすればこうなる、といった一般論では語れないですよね。でも、そのことが「授業」という営みの本質を表しているのではないでしょうか。

立石　私も執筆をしていて、やはり経験的な知識から生まれる感覚みたいなものをどのようにすれば文字化して伝えられるか考えました。

松尾先生がおっしゃるように、一見すると、ぶれていると感じられる箇所も少なくないかもしれません。この本を読んでいただく読者の方に、短い文章の中でうまく伝わればいいのですが。

松尾　私のコラムも、教師の動きについて教育心理学者の視点から語ることで、読者の方の理解の一助となればと思っています。

でも、一番大切なことは、読者の方々に、この本を読んで考えたこと、感じたことを、それぞれの学級に合わせて、自分なりのやり方で実践していただくことだろうと思います。

同じことをしているのに、うまくいったり、うまくいかなかったりする。その背景には、それぞれの先生の学級や授業の文脈があるのだろうけど、そこを振り返りながら実践を修正していくというサイクルの中で、この本で語られていることの行間にある考え方や見方のようなものが共有されていくのではないかと思います。

学びに向かわせるために教師が「強制」してもよいのか

立石　「対談①」で、「学びに向かう力」は関係の中で共有されていくものというお話がありましたが、「学びに向かう力」というと、教師があまり関わることなく、子どもが自分からどんどん進んでやっていく、子どもが考えて行動していくという、そんな授業をイメージする読者も多いのではないかと思います。

しかし、本文の中では「教師が指名する」や「強制する」というような表現が書いてある。子どもの「主体性」と「強制」、一見すると矛盾するように見えます。しかし、そこには順序があって、強制された中でも成功体験を繰り返していくことで、それがだんだん子どもたちの信念のようなものに変わっていくのだと思っています。

松尾　現実的には、学級の全ての子どもたちが最初から高い意欲をもって学習に取り組むということは考えにくいですよね。だから、最初は教師が子どもに行動を促すことが必要だと思います。

ただし、自分の行動が他者によってコントロールされているという感覚は、学習意欲の低下につながりますから、いつまでも教師が「強制」するということは避けたいですよね。

「言葉」の章で教師の関わりが「足場」と表現されていました。子どもたちの挑戦を支えるため教師は様々な援助をしますが、しばしばそのような関わりは「足場づくり」という比喩で表現されます。

この比喩には、子どもの成長や変化に応じて教師の支援（足場）が少しずつ減らされていくという意味も込められています。最初は教師が「強制」というしっかりした足場を提供するわけですが、そのような教師の関わりに促されて成功経験を積んだ子どもは、少しずつ積極的に授業に参加するようになるかもしれません。そのときは「強制」という足場を外して、子どもの動きを待ち、問い返し、意味付け、方向付ける、といった別の足場を教師が提供して、より高いところに届かせていくことになるのだと思います。

「強制」することが問題というよりも、コラムの中でも述べたような教師の様々な配慮や、「強制」によって引き出された子どもの反応を、いかにして授業の学びに生かしていくか、子どもの変化に応じて教師が関わり方を柔軟に調整できるか、といった点が重要なのではないでしょうか。

だから、授業の最初から子どもが高い学習意欲を示していないといけないとか、自分なりの考えをもたなくてはいけないとか、問いや疑問をしっかりともっておかなくてはいけないとか、あまり強く考えすぎてしまうのは逆効果ではないかと思います。

例えば、しばしば授業では最初に「めあて」が示されます。子どもからめあてを引き出す場面なども目にしますが、授業の最初の段階でその「めあて」を心から知りたい、考えたいと思っている子どもがどれだけいるのでしょうね。その「めあて」を考えることに意義がある、その「めあて」を考えるとおもしろい、と思っているのは、その後の授業展開を想定している先生だけかもしれませんね。

立石　私も国語科としての立場から考えると、授業では、教材文を表面的に「読めたつもり」になっている子どもたちをいかに深く読ませるかを考えます。だから、授業の導入の「めあて」の段階では、これから考える問題の全てを捉えきれていなくても、「おもしろそう」や「私はこう思うな」のように、考えさせるための入口に子どもたちを立たせることができれば成功だと考えています。

松尾　私たちもそうだと思いますが、あまり知識がない段階で生じる問いや疑問は、非常に表面的なものであることが多いです。物語文だから、とりあえず登場人物の気持ちを考えるべきだ、といったようにパターン化された問いをもつことなどもあるでしょう。

一方で、子どもが本当に考えてみたい問いというのは、教材の内容を理解した上で生じた疑問や葛藤といったものではないでしょうか。斎藤喜博の「出口」の例のように、教師が子どもの考えをゆさぶったり、子ども同士の考え方のズレや、子どもと教材のズレを整理したりすることをきっかけとして、子どもたちの学習に参加したいという意欲が一気に高まりを見せるという場面に出会うことは少なくありません。

もちろん、子どもが授業の目標としてのめあてや、問題解決の見通しをもち、そのめあてに即した振り返りをすることで、今日の授業ではこれを学んだという認識を確実にすることは重要だと思います。

その一方で、無理に四五分の授業の中でなんらかの結論をまとめなくても、子どもたちがその授業を通じて「本当に」わからなくなったという状態になる、そんな授業があってもいいのではないかと思います。

授業の後に自分でいろいろと調べたり、家の人とお話をしたり、次の授業が待ち遠しくなったりしたとすれば、それこそが主体的に学んでいる姿ではないでしょうか。意欲や思考も授業の流れの中で生じてくるという発想や、学びを四五分の授業の中だけに閉じて考えないという発想が大切だと思っています。

こんなことを言うと、研究者は現場のことを何もわかってない、無責任で気楽な立場で好き勝手に言っているだけだ、とお叱りを受けるかもしれませんね。

教師は子どもの言葉をどのように聴いているか

立石　「強制」であっても、動きの中で考えさせ、学びに前向きにさせていくことが大切ということですね。子どもたちを教師が動かそうとする中で、一見すると、違いを感じたり失敗のように見えたりするできごとにどれだけ教師が可能性を見つけられるか、その子どものもつ可能性を信じられるかはすごく大きいと思っています。「待つ」ということもそうですよね。

例えば、ある子どもに発言にチャレンジさせて、Aと言わせたいところにBが出てきたときに、パニックになる先生方も少なくないように思います。

しかし私は、Bが出ないとAがわからないと思っています。みんながAしか考えないと、Aのよさ、Aの価値、Aにこだわる必然性がないわけです。そこにBがあることでみんなにAが見えてくる。そのBの存在の価値をわかっていると、一見失敗のような教室の中でのできごとがものすごく価値高く感じられる、そんな思いで授業ができます。

でも、どんな発言が出てもそこに解決の可能性を見いだすことって難しいですよね。

松尾　とても難しい問題ですね。様々な先生に関わらせていただいた経験から思うことは、やはりそのような即興的な対応を支えているのは、教材解釈の深さだということです。教師が子どもと同じような水準の解釈にとどまっている場合は、その解釈を子どもが発言したときに、それ以上、何かを全体で考える余地はなくなってしまうと思います。

ただ、どんなに先生が深い教材解釈をされていたとしても、今、自分の学級の子どもたちがどんな発言をするか、そして、その発言をどのようにつなげ、比べ、ゆさぶり、整理すれば、どのような解釈にたどりつけそうか、といったように、子どもの視点に立った授業展開が計画できていない場合には、自分の解釈に近い子どもの発言を丁寧に取り上げる一方で、自分の解釈とは異なる子どもの発言には対応が薄くなってしまったり、子どもから無理やり発言を引き出したりして、なんとか教師の解釈に近づけようとするような授業展開になりがちだと感じます。

指導案を先生たちと一緒に考えたりしているときに、しばしば、子どもの発言の予想として、こちらの解釈に沿った反応だけを想定してしまっていることもありますしね。

立石　子どもの反応の理想形ですね。

松尾　だから、「こんなことを言う子どももいるかもしれませんよ」ということで、先生の理想とする解釈とは異なる意見や考え方を敢えて提案してみることも多いです。

そして、もしかすると同じような考え方をしている子どももいるかもしれないから、教材文のこの箇所に目を向けてこんなふうに考えをゆさぶってみたらおもしろいのではないか、とか、そのときにこんな意見がすでに出ていたとすれば、それと比べて見たらおもしろいのではないか、といった感じで、子どもの視点から授業を組み立てていくことがあります。

子どもが主体的・対話的に学ぶような授業を実現しておられる先生には、いくつかの共通した特徴があるように思います。このような子どもの視点に立った授業づくりという発想もその一つでしょうね。

授業前に今日の授業についてお話を伺うと、これまでにこんなことを教えてきたから、きっとあの子やあの子から、こんな発言が出るのではないか、というように、これまでの授業の積み重ねを根拠として、かなり具体的な予想が聞かれることもしばしばです。単元、学期、年間を通じた学びのイメージがあるからこそ、子どもの反応が予測できるということだと思います。

そして、このような授業の積み重ねに基づいているからこそ、授業中に子どもから期待する反応がすぐに出なくても、じっくりと、子どもを信じて待つことができるのではないでしょうか。

逆に言えば、このような授業の積み重ねがない状態では、待っていても子どもから発言が出るという確信がもてないでしょうから、教師は子どもを待っている素振りをしますが、心の中では子どもを待つことができていない状態なのかもしれませんね。そのことが子どもたちに伝わっているとすれば、教師が待つことで、子どもたちを焦らせてしまうことにもなりかねませんよね。

その他にも、授業づくりに長けた先生は、授業の中で絶えず子どもの反応を探り、そこから授業をどのように組み立てていこうか、と常に計画を修正し続けていると思います。

例えば、子どもが自分の考えを書いているような場面では、積極的に机間指導をして、子どもの考えに耳を傾けて、子どもの思考を把握しようとされますよね。そして、あの子とあの子の考えを比べたらおもしろいのではないか、といった構想を練っているというような動きがあると思います。

自分の深い教材解釈をもちながらも、授業を通じて見えてきた子どもの実態に応じて、柔軟にその解釈を捨てる、というか、あきらめる、というか、そういったことができるという点も大きな特徴かと思います。無理に教師の教材解釈を引き出そうとするよりも、子どもの理解に合わせて、そこからできるだけ子どもを高めていこう、という発想に立っているという感じですね。

教師の教材解釈にこだわりすぎて、強引に子どもからその解釈を引き出そうとしてしまうと、授業の最後には黒板に立派なまとめが残っているけれども、子どもたちは、何を、どのように考えるとその結論にたどりつけるのかがよくわからないので、とりあえずその教材のその場面の解釈はそういうものだと暗記するしかない、ということにもなりかねません。

最終的なまとめがどうなるかということ以上に、子どもが考える過程を重視するということでしょうか。そのような学習観や授業観、柔軟性といったものが、一人一人の子どもの考え方をしっかりと聞くという動きを支えているのかと思います。

立石　子どもは言葉をこんなふうに話すという、教師の子どもの言葉に対する理解も柔軟性をもつ上では大きいと思います。

結論が違う子たちになぜそう考えたのかを話し合わせると、意外にずれていないことがよくあります。子どもたちは、「つぐない」と「恩返し」のように、時々自分が思っていることとかなり離れた言葉を選択して発言します。つまり、子どもが表現する言葉は、思考そのものではないということです。

なぜそう思ったのかを聞いてみないことには、その子が本当に考えていることはわかりません。そこを排除してしまうと、失敗体験を積み重ねさせてしまうことになる。その子の可能性みたいなものは、実は言葉に現れていなくて、その言葉の背景や背後にある。それを聴いたり引き出したりしていくことで、教室の中に、失敗ではない、小さい成功体験が増えていくのだと思います。

松尾　そのような教師の関わりを、よく「即興的」と表現したりします。私も先ほどその表現を用いました。

私はこの表現について、子どもの発言を聞いて、教師の頭の中に超能力のように何かがひらめく、といったイメージではないと思っています。また、子どもの発言を理解するという点を強調しすぎると、教師が事前になんらかの考えをもってはいけないかのように思われるかもしれませんが、それも違うと思っています。

子どもの発言の意味を理解して授業にうまく生かしている先生は、深い教材解釈や、授業のねらいや見通し、子どもの学習、発達についてのイメージを明確にもっていますよね。そのような考えを子どもの反応と柔軟に擦り合わせていく中で、言葉になっていない子どもの考えを「即興的」に理解することができるのだと思います。

立石　「発言を分析する」でも書きましたが、教師が学習のゴール像をもった上で、この子はなぜこんなことを言うのか、そのゴールに照らして分析しないといけないですね。

今、先生方が置かれている学校の状況では、そういうことがなかなか学べない気がします。松尾先生は多くの学校の校内研に関わっていらっしゃいますが、いかがですか。

松尾　この本でしばしば大切にされている授業観や学習観といったものは、教師や子ども個人の認識でもあり、同時にそれぞれの学級で共有されている社会的な規範のようなものでもあると思います。

そして、もっと大きな水準では、各学校における学びの文化のようなものではないでしょうか。だから、授業中の同じ教師の姿であっても、ある学校では望ましい動きとして認められる一方で、別の学校では望ましくない動きとして理解されることもあります。

もちろん、子どもたちの様子についても同様ですね。授業中のどのような様子を、どのように理解して、評価するかは、学校によって違いがあると思います。その点で、学校全体で考え方を共有するという校内研の意義は大きいと思います。

先生たちが安心して自分の思い描く授業を提案し、校内の先生たちに積極的に開いていくことができるように、校内研に関わらせていただく私たちの責任もとても大きいと思っています。

読者に「観」を問いかける

立石　同じ学校の先生方と、学習指導方法ばかりではなく、その基盤となっている考え方、授業観や学習観が共有、交流できるような校内研修ができればすばらしいですね。

例えば、「この子の意見に付き合ったらずっと遠回りして時間がない」と思われる状況に対して、「だから、最短距離でゴールに近づく方法を考えさせよう」とするのか、「この突飛な意見について話し合うことで、本当に妥当な考えとは何かについて考えさせよう」とするのかは指導に対する考えが大きく分かれるところです。

問題の解決だけに目を向けると前者が効果的のようですが、学び合う集団を育てようとすると後者も大切です。私がこの本で先生方に一番伝えたいのはこの「観」の部分です。ハウツーを通して、先生方に教育観や授業観、子ども観などを問いたいと思っています。

松尾　とてもよくわかります。

先ほど、教師が「子どもの言葉を確認して言い換える」ことについて、場合によっては積極的に行うべきことだけれど、場合によっては控えるべきことでもある、という話をしました。もちろん、いろいろな場面に共通した要素を取り出せばハウツーとして一般化できる側面もあるのかもしれないけれど、授業はその時々の子どもたちとの関わりの中で成立するものですから、いつも同じ方法が通じるわけではないし、同じ目的であっても方法を変えることもあるでしょう。

ただ、その場合、表面的には教師は異なる動きをしていても、その根底には共通した考え方、立石先生の言葉で言えば「観」があるわけですよね。そういう意味では、ハウツーだけに目を向けていてもわからないことは多いのだと思います。

なぜ、あの先生は、あの場面で、あんな動きをしたのか（逆に、動かなかったのか、ということもあるかもしれません）、といったことを本当にわかりたいと考えるならば、その先生の「観」のあり方や、その「観」に根ざした状況の解釈、そしてその解釈に基づいた行動、といったものを全体として理解する必要があるのではないでしょうか。

今の学校現場には、先生たち同士がそのような点までひっくるめて議論する機会って、どのくらいあるのでしょうね。とてもじゃないけど、そんな余裕はなくて、とりあえずハウツーを知るだけで精一杯、というのが実情なのかもしれません。

立石　確かに、現在の学校の多忙な状況を考えると、日常の中でなかなかそのような先生方の関わり合い方は難しいでしょうね。そこで、この本が、先生方の「観」を見直す契機になればと思います。

しかし、「観」は人それぞれですよね。この本の読者が、私の「観」を押し付けられているような印象をもたなければいいなと願っています。私は、読者に問いかけたいと思っています。

松尾　個人の「観」と言えるような種類の知識は、そんなに簡単に変わるものではないと思います。教育観や学習観って、自分が児童や生徒として学校で学んできた経験も含めて、非常に長い期間を経て構成されてきたものですから。もちろん、教員になってからの経験もその「観」には影響しているでしょうし、自分の生き方や、アイデンティティといった側面とも関わっていると思います。

この本を読んで立石先生の「観」に影響されて、同じように授業をしてみよう、と思う方もおられるかもしれません。でも、その考え方が本当に自分のものになっていないと、結局、授業中の行動として実践化されないのではないでしょうか。授業の中で教師は、子どもの反応に応じて、絶えず、様々な選択と決定を即座にしなくてはいけません。そのような状況で出てくるのは、やっぱり自分自身の「観」なのだと思います。

だから、自分の「観」を変化させて、それを実践化していこうとするならば、まずは、じっくりと自分の授業中の動きや思考を振り返りながら、言語化していくことが必要でしょう。その点で、読者の方が、立石先生の「観」を押し付けられているような印象をもたれたとすれば、それは決して悪いことではないと思います。

押し付けられているような印象をもたれたときには、では、自分の「観」はどのようなものだろうか、何が、どのように、立石先生の「観」と違っているのだろうか、と考えてほしいですよね。そのことが自分の実践を言語化する際の足がかりになるのではないかと思います。この本は、そのためのきっかけなのではないでしょうか。

立石　ご自身の「観」と相対化して読んでいただきたいですね。

おわりに

　教育の現場には、ものすごいスピードで様々なことが求められています。主体的・対話的で深い学びの実現、といったこともその一つでしょう。ただ、学校で先生たちとお話をしていると、新しい概念であるかのような印象を受ける様々なことがらも、実際にはまったく新しいこと、というわけではなく、その中心にあるのは、教育の現場において長い時間をかけて培われてきた様々な知恵なのだと思うことがよくあります。「子どもが何を、どのように、どこまで学んでいるのか、という点から授業を考えていく」といったことや、「人間の学びが社会的な営みである」といったことは、教育における不易であり、時代を問わず、多くの先生たちが大切にされてきたことだと思います。その点は、この本もきっと同じでしょう。示されている様々な教師の動きは、特別な新しい教育方法や技術ではないと思います。教育の営みにおいて、これまでも大切にされてきたこと、そしてこれからも大切にしていくべきことをあらためて言葉にしようとする試みなのだと思います。読者の皆様には、そのような感覚で本書のメッセージを受けとめていただけると嬉しく思います。

教育心理学をバックボーンとしながら、学校現場をフィールドに、先生や子どもたちと関わりながら授業を分析する、というスタイルで研究をしてきました。その中で多くの先生方に出会いました。全ての先生に、授業のしかた、子どもとの関わり方、学級の雰囲気など、多様な個性があるのだといつも感じます。その多様性の背後には、それぞれの学習観、授業観、子ども観、といった先生の想いやこだわりがあるのでしょう。明日の教育実践を拓いていくために必要なことは、そのような想いを授業によって表現し、実践の過程を言語化し、他の先生たちに提案することで、自分や他者との対話を重ねていくことではないでしょうか。この本も、そのような対話の相手の一人でありたいと思っています。先ほど述べた、教育における不易、という考え方のきっかけをくださったのは、学校現場で出会った多くのベテランの先生たちでした。教員を育てるという仕事に携わっている立場からは、この本が経験や年齢の異なる先生方の交流を促す触媒になれば、とも願っています。

私の将来の夢は、小学校の先生になることでした。いろいろなことをわかりやすく教えてくれる。自分の考えをしっかりと聞いてくれる。他の子どもたちと一緒に、じっくりと考え合う場をつくってくれる。そんな大人に憧れていました。コラムを書きながら、そんな先生たちの姿が自然と思い出されました。その憧れが今につながっているのだと思います。現場の先生たちが、明日は子どもたちとこんなふうに関わってみようかな、授業をこんなふうに展開してみようかな、といった発想を得る上で、立石先生と私の仕事が少しでもお手伝いになれば幸いです。日々、子どもたちと真摯に向き合う先生方に、尊敬と感謝の気持ちを込めて。

松尾　剛

著者紹介

立石　泰之（たていし　やすゆき）

福岡県教育センター指導主事

一九七二年、福岡県生まれ。東京学芸大学卒業。福岡県公立小学校教諭、広島大学附属小学校教諭を経て、現職。全国国語授業研究会理事

著書に、『「大造じいさんとガン」の授業』（編集、明治図書出版、二〇一五年）、『「ごんぎつね」の授業』（単著、明治図書出版、二〇一五年）、『対話的な学び合いを生み出す文学の授業「10のステップ」』（単著、明治図書出版、二〇一七年）他

松尾　剛（まつお　ごう）

福岡教育大学准教授

一九八〇年、福岡県生まれ。九州大学卒業、九州大学大学院博士課程修了。九州大学助教、福岡教育大学講師を経て、現職。博士（心理学）

著書に、『授業デザインの最前線Ⅱ　理論と実践を創造する知のプロセス』（分担執筆、北大路書房、二〇一〇年）、『ピア・ラーニング』（分担執筆、金子書房、二〇一三年）、『キーワード教育心理学』（分担執筆、北大路書房、二〇一三年）他

子どもの「学びに向かう力」を支える教師の「動き」と「言葉」

2018（平成 30）年 5 月 16 日　初版第 1 刷発行

【著　者】 立石 泰之、松尾 剛
【発行者】 錦織 圭之介
【発行所】 株式会社 東洋館出版社
〒 113-0021　東京都文京区本駒込 5 丁目 16 番 7 号
営業部　電話 03-3823-9206　FAX 03-3823-9208
編集部　電話 03-3823-9207　FAX 03-3823-9209
振　替　00180-7-96823
URL　http://www.toyokan.co.jp
【印刷・製本】 藤原印刷株式会社
【デザイン】 吉野 綾（藤原印刷株式会社）
【イラスト】 赤川 ちかこ

ISBN978-4-491-03516-1　　Printed in Japan